PLAY AND LEARN

FULL EDITION

ACTIVITY BOOK

Richmond

Richmond

Diretoria: Sandra Possas
Edição executiva de conteúdos digitais: Adriana Pedro de Almeida
Gerência de produção: Christiane Borin
Coordenação de arte: Raquel Buim
Coordenação de multimídia: Nero Corrêa

Projeto editorial: Adriana Pedro de Almeida, Andrea Carina Pilipposian, Daniela Viegas
Elaboração de conteúdos: Adriana Pedro de Almeida, Andrea Carina Pilipposian, Daniela Viegas, Eliane Melichio Motta, Ianina Zubowics
Edição: Daniela Viegas
Assistência editorial: Ana Paula Campos, Sílvia Zimmermann
Revisão: Carolina Waideman, Giuliana Gramani, Katia Gouveia Vitale, Natasha Montanari, Rafael Gustavo Spigel
Edição de arte: Fabiane Eugenio
Projeto gráfico: Odair Faléco
Capa: Odair Faléco
Criações especiais: Carol Duran, Fabiane Eugenio
Diagramação: APIS design integrado
Ilustrações: Trinity Mídia
Tratamento de imagens: Arleth Rodrigues, Resolução Arte e Imagem
Pré-impressão: Alexandre Petreca, Everton L. de Oliveira Silva, Fabio N. Precendo, Hélio P. de Souza Filho, Marcio H. Kamoto, Rubens M. Rodrigues, Vitória Sousa
Impressão e acabamento: EGB - Editora Gráfica Bernardi Ltda.

Dados Internacionais de Catalogação na Publicação (CIP)
(Câmara Brasileira do Livro, SP, Brasil)

Play and learn : activity book / obra coletiva concebida, desenvolvida e produzida pela Editora Moderna ; editora responsável Adriana Pedro de Almeida. — São Paulo : Moderna, 2014.

1. Brincadeiras 2. Inglês - Atividades, exercícios etc. 3. Inglês - Estudo e ensino 4. Jogos educativos I. Almeida, Adriana Pedro de.

14-09729 CDD-420.7

Índices para catálogo sistemático:
1. Jogos educacionais : Inglês : Estudo e ensino 420.7

ISBN 978-85-16-09424-9

Richmond
Editora Moderna Ltda.
Rua Padre Adelino, 758 - Belenzinho
São Paulo - SP - Brasil - CEP 03303-904
Central de atendimento ao usuário: 0800 771 8181
www.richmond.com.br
2014
Impresso no Brasil

Sumário

APRESENTAÇÃO

Play and Learn é um jogo educativo em realidade aumentada desenvolvido para promover a aprendizagem da língua inglesa de forma lúdica e interativa. O jogo é uma ferramenta útil tanto para aprendizes que estão tendo o primeiro contato com a língua estrangeira como para aqueles que já possuem alguns conhecimentos, os quais podem ser consolidados e ampliados de maneira divertida.

É composto de um aplicativo disponível para *tablets*, *smartphones* (Android) e *desktops* (Windows e Macintosh); um código de acesso que libera o conteúdo completo do aplicativo; 100 cartas temáticas ilustradas divididas em 10 categorias (animais, esportes, frutas, material escolar, profissões, peças de mobiliário/aparelhos eletrodomésticos, instrumentos musicais, estabelecimentos e locais públicos nas cidades, estações do ano e estados de ânimo); e um livro de atividades que contribui para reforçar a aprendizagem dos conteúdos apresentados no jogo.

Para jogar, depois de instalar o aplicativo e liberar seu acesso completo com o código, basta posicionar, na câmera do dispositivo, a carta correspondente à palavra ou frase exibida na tela. A imagem da carta é imediatamente transformada e trazida para o mundo real do jogador, em um ambiente 3-D.

Play and Learn possui três níveis de dificuldade, os quais estão diretamente relacionados com a complexidade linguística do idioma estrangeiro. O nível *Basic* apresenta ao jogador apenas palavras para serem relacionadas com as imagens; nos níveis *Intermediate* e *Advanced*, a complexidade aumenta à medida que o jogador vai adquirindo o domínio da língua, com a introdução de frases mais elaboradas.

Além dos diferentes níveis de dificuldade do ponto de vista linguístico, há três modos de jogo que também oferecem desafios ao jogador, o qual, de acordo com a opção escolhida, pode jogar com todas as cartas ou apenas com algumas e, ainda, utilizar a contagem de pontos e de tempo para tornar o jogo mais desafiador. É possível também jogar sozinho ou com até quatro jogadores usando o mesmo ou diferentes dispositivos.

Um dicionário ilustrado chamado *Picture Dictionary* está disponível no aplicativo para que o usuário possa fazer consultas. Esse recurso traz as imagens das cartas divididas nas respectivas categorias temáticas, bem como a pronúncia de cada palavra.

O *Activity Book*, tal qual um almanaque, contém sugestões de jogos com as cartas sem o uso do dispositivo eletrônico e oferece atividades complementares, como pintar, recortar, colar e desenhar, divididas em três níveis diferentes – Iniciante, Intermediário e Avançado –, que, além de ajudar a promover o desenvolvimento psicomotor do usuário, contribuem para a consolidação da aprendizagem das estruturas da língua inglesa apresentadas no jogo. Dessa forma, por meio da interatividade virtual e real proposta pelo *Play and Learn*, é possível fazer a construção do conhecimento na língua estrangeira.

CADASTRO E INSTALAÇÃO DO APLICATIVO

Começar a jogar e se divertir com o jogo *Play and Learn* é muito simples. Antes de baixar e instalar o aplicativo, você deverá fazer seu cadastro. Recomendamos seguir os passos indicados abaixo usando um computador.

Passo 1. Entre no *site* www.richmond.com.br/aplicativos e clique na opção 1: "Clique aqui e faça o seu cadastro no portal educacional".

Passo 2. A seguir, clique em "Aluno" para fazer seu cadastro e preencha os campos "*Login*" e "Senha".

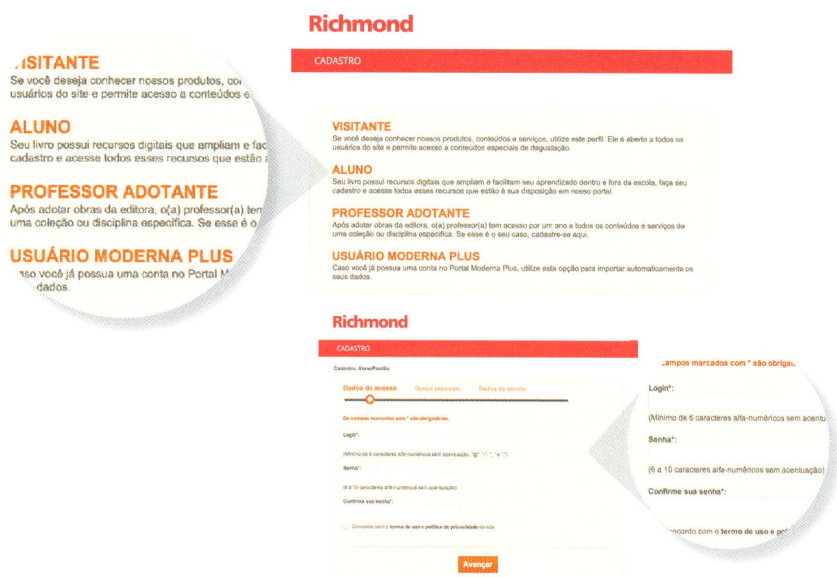

IMPORTANTE: O *login* e a senha que você usar para fazer o cadastro serão os mesmos utilizados para acessar o aplicativo. Portanto, escolha um nome de usuário e uma senha fáceis de lembrar.

Passo 3. Preencha o formulário para finalizar o cadastro. Os campos de preenchimento obrigatório estão marcados com um asterisco. Quando terminar, você verá a tela abaixo.

Passo 4. Clique em "Cadastrar códigos de acesso". Procure, na segunda capa do seu Activity Book, o código de acesso ao aplicativo, parecido com este:

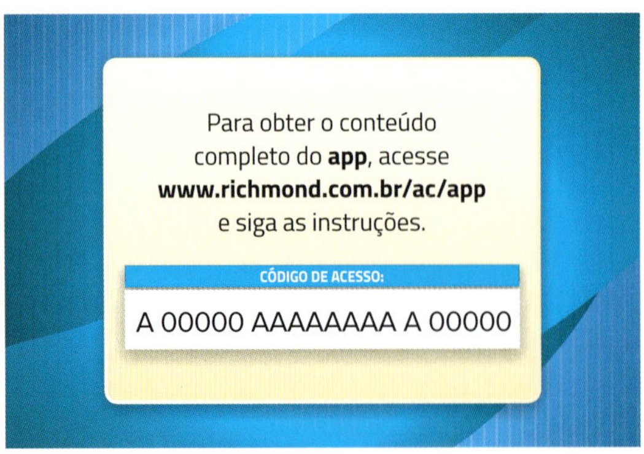

Passo 5. Na tela seguinte, insira seu código alfanumérico no campo indicado e clique em "Incluir" para finalizar.

Caso você já possua cadastro nas editoras Moderna, Richmond ou Santillana, siga os passos indicados abaixo:

Passo 1. Entre no *site* www.richmond.com.br/aplicativos e clique na opção 2: “Adicione seu código de acesso para liberar o conteúdo exclusivo”.

Passo 2. No canto superior direito, clique em “*Login*”, preencha o campo com seu nome de usuário e sua senha e clique em “Entrar”.

Passo 3. Clique na opção “Minhas Informações”, localizada ao lado do seu nome, no canto superior direito.

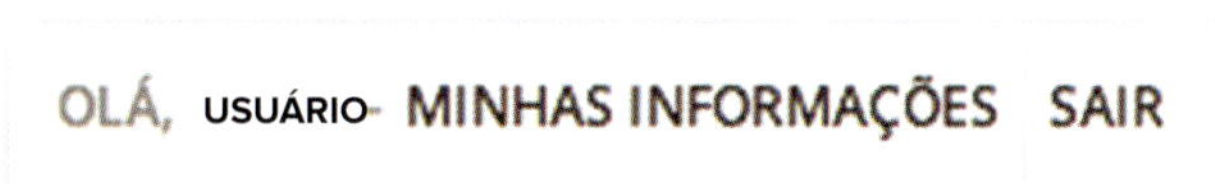

APRESENTAÇÃO

Passo 4. Depois de clicar em “Minhas Informações”, escolha a opção “Meus Códigos de Acesso”.

Passo 5. Insira seu código alfanumérico no campo indicado e clique em “Incluir” para finalizar.

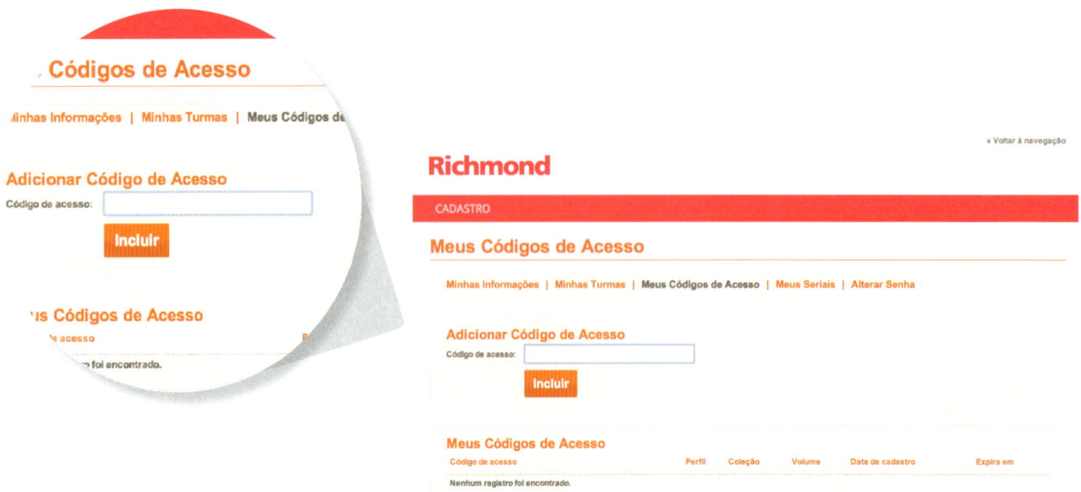

Depois de liberado o acesso, está na hora de baixar e instalar o aplicativo.

ONDE BAIXAR O APLICATIVO

Recomendamos a você que siga as orientações abaixo usando o dispositivo no qual deseja instalar o aplicativo. Para tanto, é necessário que ele esteja conectado à internet.

Orientações. Acesse o *site* www.richmond.com.br/aplicativos. Você encontrará os *links* correspondentes para baixar o aplicativo para *tablets* e *smartphones* na plataforma Android e para *desktops* nas versões para Windows e Macintosh. Escolha o sistema operacional e o tipo de dispositivo para baixar e instalar o aplicativo.

DISPONÍVEL NO Google play

O aplicativo também está disponível para *download* direto na Google Play.

REQUISITOS MÍNIMOS DOS DISPOSITIVOS

O dispositivo deve possuir câmera e atender a um dos seguintes requisitos:

- Android: 4.0.3 ou superior.
- PC Windows: 7 ou superior, 1 GB de memória RAM e *webcam*.
- Mac OS X: 10.10.5 ou superior, 1 GB de memória RAM e *webcam*.

Requer câmera com autofoco e conexão com internet para ativação do jogo.

Para melhor funcionamento, jogue em um ambiente bem iluminado.

O desempenho do produto não é garantido em dispositivos com câmera de menos de 5 megapixels e sem autofoco.

Caso você tenha dúvidas ou deseje obter mais informações sobre o produto, escaneie o QR *code* ao lado ou acesse o *site* www.richmond.com.br/playandlearn e consulte a seção "Perguntas Frequentes".

CONCEITO PEDAGÓGICO

Os jogos, de modo geral, são essenciais nas práticas pedagógicas. Seu caráter lúdico estimula o aprendizado, desperta o interesse e desenvolve o raciocínio lógico, além de propiciar a compreensão de regras e o aumento da autonomia.

A utilização da realidade aumentada em um jogo destinado ao ensino de língua estrangeira associa a diversão à aquisição de vocabulário e de estruturas linguísticas de forma dinâmica, estimulando os sentidos e proporcionando a interatividade.

Assim, ao unir o real com o virtual, *Play and Learn*, além de tornar atraente o aprendizado da língua inglesa, já que faz com que o jogador interaja naturalmente com o ambiente do jogo, possibilita o trabalho e o desenvolvimento das quatro habilidades linguísticas: compreensão auditiva, compreensão leitora, produção escrita e expressão oral. O manuseio das cartas, a interação com o jogo e com outros jogadores, a visualização de imagens em 3-D, a animação e os efeitos sonoros são elementos motivadores que proporcionam a construção do conhecimento, uma vez que o aprendiz não é meramente um receptor passivo de informações, mas sim um participante ativo do processo de aprendizagem. A forma de apresentação das diferentes palavras e frases em língua inglesa ajuda a fixar os conteúdos de forma natural e intuitiva. O *Activity Book*, por sua vez, traz sugestões de exercícios que visam reforçar o conhecimento adquirido na língua estrangeira.

Entre os objetivos pedagógicos do *Play and Learn*, podemos destacar:

- Tornar atraente o aprendizado da língua estrangeira por meio da interação.
- Desenvolver diferentes habilidades motoras e cognitivas.
- Relacionar termos e expressões na língua estrangeira de maneira a ampliar a aprendizagem de novas palavras e estruturas frasais.
- Possibilitar a descoberta e o aprendizado da língua inglesa de forma lúdica e interativa.

Além disso, outros aspectos interdisciplinares são explorados por meio do jogo, como a relação entre as características e os comportamentos dos seres vivos e as condições do ambiente em que vivem. Dessa maneira, além de reforçar os conhecimentos das demais áreas, o jogador aprende a “pensar em outra língua” fazendo associações com outras disciplinas do currículo escolar. Tudo de maneira envolvente e divertida.

CARTAS TEMÁTICAS

ANIMALS

ALLIGATOR

BAT

BIRD

CAMEL

CAT

CHICK

COW

DOG

DOLPHIN

DUCK

ELEPHANT

FISH

FROG

GIRAFFE

HAMSTER

HEN

HIPPOPOTAMUS

HORSE

KANGAROO

LION

MONKEY

PIG

POLAR BEAR

RABBIT

ROOSTER

TURTLE

APRESENTAÇÃO

SPORTS

BASEBALL	BASKETBALL	SKIING	SOCCER

SURFING	SWIMMING	TENNIS	VOLLEYBALL

FRUITS

APPLE	BANANA	GRAPES

HONEYDEW MELON	LIME	ORANGE
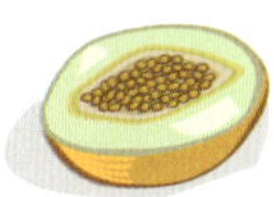		
PAPAYA	STRAWBERRY	WATERMELON
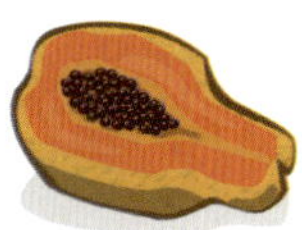		

SCHOOL OBJECTS

BOOK	CRAYONS	ERASER	NOTEBOOK

PEN	PENCIL	SCHOOLBAG	SCISSORS

OCCUPATIONS

ASTRONAUT

DOCTOR

ENGINEER

FIREFIGHTER

HAIRDRESSER

JOURNALIST

PHOTOGRAPHER

POLICE OFFICER

SCIENTIST

TEACHER

VET

FURNITURE AND APPLIANCES

BED

BEDSIDE TABLE

CHAIR

REFRIGERATOR

SHOWER

SINK

SOFA

STOVE

TABLE
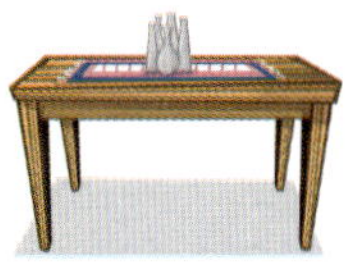

TV

WASHING MACHINE

SEASONS

FALL

SPRING

SUMMER

WINTER

APRESENTAÇÃO

MUSICAL INSTRUMENTS

DRUMS

ELECTRIC GUITAR

FLUTE

GUITAR

PIANO

VIOLIN

PLACES IN TOWN

BAKERY

BANK

BEACH

BOOKSTORE

MALL

MOVIE THEATER

PARK

RESTAURANT

SCHOOL

SUPERMARKET

MOODS

ANGRY
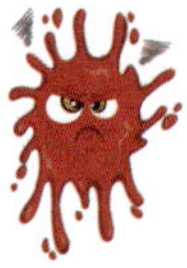

HAPPY

HUNGRY

SAD

SCARED

SICK
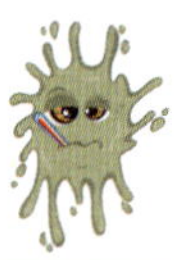

TIRED

USO DIDÁTICO DAS CARTAS

As sugestões a seguir servem para quem quer jogar *Play and Learn* e também para pais, responsáveis, professores ou quaisquer outras pessoas que desejam orientar os aprendizes.

Se a opção de jogo escolhida for para apenas um jogador, selecione uma das categorias apresentadas e, a princípio, o nível *Basic*. Ouça atentamente cada palavra e aproxime da câmera do dispositivo a carta que você considera correta. Se errar, não desanime; tente novamente. Procure repetir as palavras quando ouvi-las, a fim de fixar a pronúncia correta. Se precisar, você pode consultar o *Picture Dictionary* a qualquer momento para fixar o vocabulário e ouvir a pronúncia de cada palavra.

Depois que você já estiver dominando o vocabulário e a pronúncia de alguma(s) categoria(s), selecione o nível *Intermediate*. Você vai encontrar frases que vão exigir inferências de sentido e associação de ideias. Observe se há palavras que possam ajudar a descobrir o significado de outras e, consequentemente, a chegar à resposta certa. Nesse nível, você já vai começar a aprender a construir frases, portanto repita o jogo várias vezes a fim de fixar novas estruturas frasais. Desafie seus amigos e familiares.

O nível *Advanced* vai exigir maior conhecimento da língua, por isso deve ser acessado depois que você já tiver treinado bastante os níveis anteriores. Ouça atentamente as palavras, observe como são escritas, faça inferências e perceba a estrutura das frases.

Leia, ouça, repita e, assim, pouco a pouco, você vai desenvolver o vocabulário, fixar estruturas e pronunciar corretamente as palavras na língua estrangeira. Jogue quantas vezes quiser, sozinho ou com mais jogadores. Ao final de cada rodada, descubra quem fez mais pontos acessando o *ranking*. O jogador com menor pontuação pode desafiar os outros para uma revanche.

Não se esqueça de que você é o agente do processo de aprendizagem e que o jogo *Play and Learn* é totalmente interativo. Sem a sua atuação, nada acontece. Assim, escolha como quer jogar e o que quer fazer, pois o jogo só prossegue porque você está ali, participando o tempo todo.

Aproveite as sugestões de jogos do *Activity Book* para pôr em prática o que você aprendeu com o jogo. Desenhe, pinte, recorte e cole para se divertir sem o uso do dispositivo eletrônico e treine a língua inglesa de diversas formas. A qualquer momento, e se precisar, consulte a relação das cartas temáticas para checar a escrita correta das palavras.

Como *Play and Learn* promove a aprendizagem de forma interativa, pais, responsáveis e professores também podem fazer parte do grupo de jogadores, o que certamente vai deixar a brincadeira mais atraente e estimular ainda mais a vontade de aprender dos pequenos jogadores.

FUNCIONAMENTO DO APLICATIVO

Para começar a jogar, você deve ter o aplicativo do jogo *Play and Learn* instalado em seu computador ou dispositivo eletrônico.* Depois, siga os passos indicados abaixo.

INSTRUÇÕES DE JOGO

Abra o aplicativo e selecione *Play Game*.

Insira na área de *login* o seu nome de usuário e a senha cadastrados.

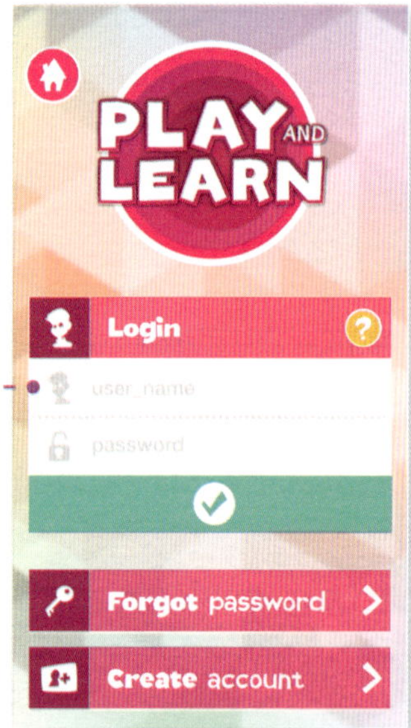

Na tela seguinte, você deve escolher entre os três modos de jogo disponíveis: *Free Play*, *Competition* e *Survival*.

Selecione se a partida será individual *(1 Player)* ou entre mais jogadores *(2 Players or More)*.

* **Consulte a página 5 deste livro para saber onde e como baixar e instalar o aplicativo, além de cadastrar o código alfanumérico para liberar o conteúdo.**

Você vai ouvir uma palavra ou frase, que também aparecerá na tela. Você deve procurar a carta correspondente e aproximá-la da câmera do dispositivo.

Se quiser ouvir a palavra ou frase novamente, clique no ícone de áudio laranja que aparece no canto inferior esquerdo.

A cada acerto ou erro, clique em *Next Question* para passar para a palavra ou frase seguinte.

Você poderá ver o resultado e informações como contagem de tempo e de pontos ao final de cada partida.

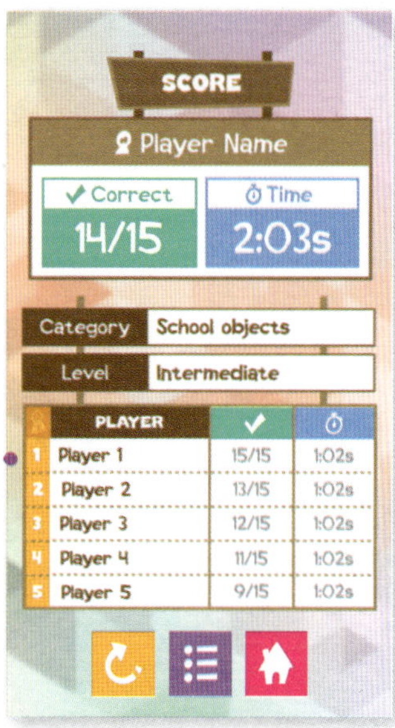

MODOS DE JOGO

Free Play

É um modo de jogo no qual o jogador pode jogar com todas as categorias disponíveis ou escolher apenas uma delas. Essa opção tem contagem de acertos para que o jogador saiba como se saiu na partida, mas não há contagem de pontos nem de tempo.

Competition

Neste modo de jogo é possível jogar com uma ou todas as categorias ao mesmo tempo e escolher o nível de dificuldade e a quantidade de rodadas da partida. Joga-se com contagem de tempo, que serve como critério de desempate caso a partida seja entre dois ou mais jogadores. Ao terminar, é exibida uma tela com os dados do jogo, como tempo, quantidade de acertos etc.

Survival

É um modo de jogo com contagem de tempo e nível de dificuldade crescente que utiliza todas as cartas em sequência randômica. Se o jogador erra uma carta, mesmo que seja a 99ª, ele perde o jogo. O cronômetro serve para marcar o tempo que o jogador leva para completar o jogo, que pode ser superado em uma nova tentativa.

NÍVEIS DE DIFICULDADE

Para cada modo de jogo existem 3 níveis de dificuldade: *Basic*, *Intermediate* e *Advanced*.

Nível *Basic*

São exibidas palavras na tela do dispositivo em ordem aleatória. Cada palavra pertence a uma carta específica.

Nível *Intermediate*

Possui a mesma dinâmica do nível *Basic*, mas, no lugar das palavras, aparecem frases em ordem randômica relacionadas com as imagens das cartas.

Nível *Advanced*

Assim como no nível *Intermediate*, são apresentadas frases que correspondem às imagens das cartas. A diferença no nível *Advanced* é que as frases possuem maior complexidade linguística.

JOGOS COM MAIS DE UM JOGADOR

É possível jogar com até quatro jogadores usando o mesmo dispositivo, alternadamente. Para tanto, cada jogador deve inserir seu nome, e o próprio aplicativo indica de quem é a vez de jogar. Dois jogadores também podem competir usando dispositivos diferentes.

IMPORTANTE: Se cada jogador usar um dispositivo, será necessário que ambos os aparelhos estejam conectados à mesma rede *wi-fi*.

As dinâmicas de jogo disponíveis para dois ou mais jogadores são:

Competition

Escolhe-se a quantidade de rodadas e há contagem de tempo e do total de pontos. Cada jogador tem a sua vez de jogar e, caso haja um empate no final das rodadas, vence aquele que perder primeiro.

Survival

Utiliza-se apenas um dispositivo. Todas as cartas são usadas em sequência randômica para disputar o melhor de 100. Há uma contagem de tempo para que o jogador indique a carta que corresponde à palavra ou frase. Perde o jogador que errar primeiro.

OUTROS RECURSOS DO APLICATIVO

Depois de fazer o *login* para acessar o aplicativo, você poderá escolher as opções *Picture Dictionary*, *Help* e *Settings*.

Picture Dictionary

Apresenta as 100 cartas temáticas divididas por categorias, com os nomes escritos e o áudio com a pronúncia em língua inglesa.

Help

Nesta seção é possível encontrar respostas a dúvidas sobre como jogar ou explicações sobre os recursos do aplicativo.

Settings

Oferece opções de configuração do aplicativo, como escolher o idioma, fazer logout, compartilhamento etc.

ALGUMAS DICAS

- Quando você for jogar, deixe as cartas fora do campo alcançado pela câmera do dispositivo; aproxime apenas a carta desejada. Isso evita que o dispositivo capture a imagem de outra carta e que você perca o jogo.
- Repare que as cartas de cada categoria têm as bordas de cores diferentes. Isso facilita na hora de procurá-las durante o jogo, principalmente se você estiver jogando com contagem de tempo.
- Use o botão de áudio para ouvir as palavras ou frases mais de uma vez. Dessa maneira, você poderá ouvir a pronúncia correta em língua inglesa e verificar na tela como as palavras e frases são escritas.
- Se errar, não desanime. Tente novamente e jogue quantas vezes quiser!

AMPLIAÇÃO DE USO DAS CARTAS

MEMORIZANDO!

NÍVEL 1 (Iniciante)

NÚMERO DE PARTICIPANTES: 2 ou mais.

OBJETIVOS DO JOGO: memorizar a maior quantidade de elementos possível; trabalhar o vocabulário aprendido.

MATERIAIS: cartas do *kit*; uma sacola; um pano.

1. Antes de iniciar o jogo, todas as cartas devem ser colocadas na sacola.
2. Cada jogador deve tirar duas cartas e colocá-las no centro da mesa. No total, devem ser dispostas 10 cartas.
3. Durante 30 segundos os participantes observam e memorizam as cartas, que, após esse tempo, devem ser cobertas com um pano para que eles não possam vê-las.
4. Cada jogador tem uma chance por vez de dizer uma carta que tenha memorizado, nomeando o que está representado nela. Por exemplo: *dog*.
5. Depois que todas as cartas forem citadas ou quando os jogadores não se recordarem de mais nenhuma, retira-se o pano para verificar se todas foram citadas corretamente.
6. Cada acerto vale 1 ponto. Ganha quem conseguir fazer mais pontos.
7. Repete-se o jogo quantas vezes os alunos desejarem. As cartas de cada rodada não devem ser utilizadas novamente.

Caso os jogadores já saibam ler e escrever, é possível aumentar a dificuldade do jogo da seguinte maneira: cada participante recebe um papel e um lápis antes de iniciar a partida. Após o tempo de memorização, em vez de citarem oralmente cada carta, terão 30 segundos para escrever, em inglês, todas as figuras de que se lembrarem. Passado esse tempo, os alunos devem compartilhar o que escreveram com a turma e, em grupo, verificar se os elementos anotados estão dispostos na mesa. Cada acerto vale 1 ponto e cada erro subtrai 1 ponto do total. Ganha quem marcar mais pontos.

AMPLIAÇÃO DE USO DAS CARTAS

DESENHANDO

NÍVEL 1 (Iniciante)

NÚMERO DE PARTICIPANTES: 2 ou mais.

OBJETIVOS DO JOGO: desenhar; trabalhar habilidades orais e auditivas.

MATERIAIS: cartas do *kit*; uma sacola; lápis e papel para cada jogador.

1. Com as cartas misturadas na sacola, um participante pega uma delas e, sem dizer o que tirou, reproduz a figura no papel em até 20 segundos.
2. Em seguida, o jogador mostra o seu desenho aos colegas, que devem adivinhar o que é.
3. Ganha quem adivinhar o desenho, identificando-o com a palavra correta em inglês. Para confirmar a resposta, a carta escolhida deve ser mostrada.

O objetivo deste jogo é colocar em prática os conhecimentos adquiridos nas atividades interativas do aplicativo. Caso os jogadores já saibam ler e escrever, o participante que adivinhar o desenho deve escrever o nome do elemento em inglês.

QUE ANIMAL SOU EU?

NÍVEL 1 (Iniciante)

NÚMERO DE PARTICIPANTES: 2 ou mais.

OBJETIVOS DO JOGO: reconhecer e praticar o vocabulário sobre animais.

MATERIAIS: todas as cartas da categoria *Animals* do *kit*; sacola.

1. Um dos jogadores deve tirar da sacola uma carta aleatória que pertença à categoria *Animals*.
2. Sem dizer nada, ele deve representar o animal da carta por meio de mímica, enquanto os outros participantes terão de adivinhar qual é o animal e falar o nome dele em inglês.

Caso haja mais de quatro jogadores, os participantes podem se dividir em grupos e realizar uma competição. Um jogador escolhe uma carta e imita o animal. O seu grupo terá 15 segundos para adivinhar qual é ele. Se não conseguir, passa a vez para o próximo, sendo que cada equipe possui apenas uma tentativa. O grupo que acertar ganha 1 ponto. A rodada continua com o jogador de outro grupo retirando uma carta e fazendo uma nova representação. Ganha a equipe que acumular mais pontos.

AMPLIAÇÃO DE USO DAS CARTAS

FRUTAS QUE SE TRANSFORMAM

NÍVEL 1 (Iniciante)

NÚMERO DE PARTICIPANTES: 2 ou mais.

OBJETIVOS DO JOGO: desenhar objetos com base em frutas; trabalhar o vocabulário por meio da prática oral.

MATERIAIS: todas as cartas das categorias *Fruits*, *Animals*, *School Objects*, *Furniture and Appliances* e *Musical Instruments* do *kit*; duas sacolas.

1. As cartas da categoria *Fruits* devem ser colocadas em uma sacola e as demais, em outra sacola.
2. O jogador deve escolher, aleatoriamente, uma carta da categoria *Fruits* e uma carta de outra categoria.
3. O desafio é utilizar a fruta representada na carta como base para desenhar o objeto da segunda carta escolhida, conforme a imagem abaixo.
4. Quando finalizar o desenho, o jogador deve dizer o nome da fruta, apontando para ela, e o nome do objeto desenhado: *This is a/an* ___________ *and this is a/an* _________. Por exemplo: *This is an* ***apple*** *and this is a* ***pen***.

Caso haja mais de um participante, é possível realizar uma competição na qual ganha o primeiro que conseguir desenhar o objeto com base na fruta.

QUEM MANDA É O DADO

NÍVEL 2 (Intermediário)

NÚMERO DE PARTICIPANTES: 2 ou mais.

OBJETIVOS DO JOGO: descobrir o elemento representado na carta; trabalhar o vocabulário por meio da prática oral.

MATERIAIS: cartas das categorias *Animals, Sports, Furniture and Appliances, Seasons, Moods* e *Musical Instruments* do *kit*; seis sacolas; dado de categorias da página 89.

1. Separar as cartas por categoria nas sacolas.
2. Um participante joga o dado e pega uma carta da categoria tirada. Ele não deve mostrá-la a ninguém.
3. Com a carta na mão, ele deve descrever, em inglês, a figura que tirou, sem mencionar o nome do elemento. Cada jogador tem duas chances para adivinhar do que se trata. Terminada a rodada, a carta é separada da pilha para que não se repita. Cada acerto vale 1 ponto. Vence quem tiver feito mais pontos ao acabarem as cartas.

Caso seja possível formar equipes, o grupo que acertar a carta descrita pelo colega de equipe ganha 1 ponto. Vence quem tiver feito mais pontos ao término das cartas.

ADIVINHANDO POR LETRAS

NÍVEL 2 (Intermediário)

NÚMERO DE PARTICIPANTES: 3 ou mais.

OBJETIVOS DO JOGO: descobrir a carta por meio das letras; trabalhar vocabulário e ortografia.

MATERIAIS: cartas do *kit*; uma sacola.

1. Todas as cartas devem ser colocadas em uma sacola.
2. Um jogador escolhe aleatoriamente uma carta e, sem mostrá-la a ninguém, deve dizer de quantas letras é composta a palavra que tirou.
3. Os outros participantes devem falar uma letra por vez até descobrir a palavra.
4. Cada jogador tem direito a duas tentativas. Se um participante descobrir a palavra, ele poderá realizar a tentativa imediatamente, sem precisar esperar a sua vez e mesmo durante o turno de outro jogador.
5. Cada palavra descoberta vale 1 ponto. O jogador que apresentou a resposta correta pode ganhar 1 ponto extra caso fale a categoria da carta em inglês.

COINCIDÊNCIA!

NÍVEL 2 (Intermediário)

NÚMERO DE PARTICIPANTES: 2 ou mais.

OBJETIVOS DO JOGO: ficar sem cartas; trabalhar o vocabulário aprendido por meio dos jogos interativos.

MATERIAIS: todas as cartas do *kit*; sacolas.

1. Os participantes devem se sentar em círculo. As cartas serão divididas igualmente entre todos e colocadas em sacolas individuais para que os jogadores não possam vê-las.
2. Um jogador por vez tira uma carta da sacola e, cobrindo-a com a mão, coloca-a no centro da mesa. Antes de virá-la, ele deve dizer uma categoria, que pode ser: *Animals*, *Sports*, *Fruits*, *School Objects*, *Occupations*, *Furniture and Appliances*, *Musical Instruments*, *Places in Town*, *Seasons* ou *Moods*.
3. Se a carta coincidir com a categoria mencionada, todos os participantes devem colocar a mão sobre ela. Quem tocar a carta por último fica com ela e a coloca dentro da sua sacola.
4. Para evitar que isso ocorra, o participante deve descrever a figura em questão em inglês. Por exemplo, se for uma carta com a imagem de um sapo, ele pode dizer: *It is a green animal.*
5. Ganha quem ficar sem cartas primeiro.

O jogo também pode ser realizado em grupos. Para tanto, um participante de cada grupo terá a sua vez de jogar, alternando a cada rodada.

AMPLIAÇÃO DE USO DAS CARTAS

SOMANDO LETRAS

NÍVEL 2 (Intermediário)

NÚMERO DE PARTICIPANTES: 3 ou mais.

OBJETIVO DO JOGO: trabalhar vocabulário e ortografia.

MATERIAIS: cartas do *kit*; papel e lápis; sacola.

1. Um dos jogadores escolhe aleatoriamente uma carta da sacola e, sem mostrá-la a ninguém, diz a que categoria ela pertence. Por exemplo: *It is an animal.*
2. Os outros participantes devem tentar adivinhar qual é a carta e escrever o nome do que está representado nela.
3. Em seguida, o jogador mostra a carta a todos. O jogador que acertar ganha 15 pontos. Caso não tenha acertado, deverá contar as letras que coincidem com a carta, ganhando 1 ponto por letra. Por exemplo, se a carta em questão é *dog* e o participante escreveu *duck*, ele ganha 1 ponto, pois as duas palavras têm em comum a letra *d*. Ganha aquele que completar 60 pontos primeiro ou fizer mais pontos até não restar nenhuma carta.

Carta escolhida	Respostas dos jogadores	Pontos
 DOG	DUCK	1
	DOLPHIN	2

BINGO!

NÍVEL 2 (Intermediário)

NÚMERO DE PARTICIPANTES: 2 ou mais.

OBJETIVOS DO JOGO: completar a cartela de bingo; trabalhar vocabulário e ortografia.

MATERIAIS: todas as cartas do *kit*; papel e lápis; cartelas disponíveis na página 91.

1. Cada jogador recebe uma cartela de bingo, conforme o exemplo abaixo, e deve preenchê-la com seis palavras em inglês.
2. Um jogador por vez escolhe uma das cartas da sacola aleatoriamente e diz em voz alta o nome do que está representado nela. Cada jogador verifica se o elemento sorteado tem um correspondente na sua cartela. O primeiro a completar a cartela ganha.

HISTÓRIAS LOUCAS

NÍVEL 3 (Avançado)

NÚMERO DE PARTICIPANTES: 2 ou mais.

OBJETIVOS DO JOGO: contar uma história com base nas cartas; trabalhar a criatividade e a oralidade por meio do vocabulário aprendido.

MATERIAIS: cartas do *kit*, exceto as das categorias *Moods* e *Seasons* e as cartas *lime*, *swimming*, *skiing* e *surfing*; frases por categoria disponíveis na página 93.

1. Separar as cartas por categoria, embaralhando-as individualmente. Organizá-las em pilhas na seguinte ordem: *Occupations*, *Fruits*, *Animals*, *Places in Town* e *Sports*. Junto a cada categoria, colocar as frases recortadas que as acompanham.
2. Um jogador escolhe uma carta da primeira pilha (*Occupations*) aleatoriamente e começa a contar uma história. Por exemplo, a primeira carta é *astronaut*. O jogador inventa um nome e fala a primeira frase: *My best friend's name is Pedro and he is an astronaut.* Terminada a frase, ele deve separar sua carta.
3. O próximo jogador tira uma carta da segunda pilha, repete a primeira frase e acrescenta a dele. Por exemplo, a segunda carta é *apple*. O jogador pode dizer: *My best friend's name is Pedro and he is an astronaut. He likes to eat apples.*
4. A brincadeira segue assim sucessivamente até que terminem as frases.

É possível continuar o jogo usando as mesmas frases, mas retirando as cartas que já foram utilizadas para que a história não se repita. Nesse caso, a brincadeira chega ao fim quando as cartas acabarem.

PERGUNTANDO E DESCREVENDO

NÍVEL 3 (Avançado)

NÚMERO DE PARTICIPANTES: 2 ou mais.

OBJETIVOS DO JOGO: descobrir uma palavra por meio de perguntas; trabalhar vocabulário e oralidade.

MATERIAIS: cartas do *kit*; sacola.

1. Colocar todas as cartas em uma sacola.
2. Um jogador pega uma carta aleatoriamente, sem mostrá-la a ninguém.
3. Os outros participantes devem fazer perguntas em inglês até descobrirem qual é a figura, mas não podem perguntar a qual categoria ela pertence.
4. Cada jogador tem até duas chances para adivinhar qual é a carta. Cada acerto vale 1 ponto.

Para tornar o jogo mais desafiador, é possível estipular um limite de perguntas por jogador ou determinar um tempo para a elaboração das perguntas.

Carta escolhida	Perguntas possíveis
	*1. Is it a living thing?* *2. Do we have it at home?* *3. Does it emit sounds?* *4. Can you eat it?* *5. Is it related to the months of the year?* *6. Do we use it at school?*

MONTANDO A PALAVRA

NÍVEL 3 (Avançado)

NÚMERO DE PARTICIPANTES: 4 ou mais.

OBJETIVOS DO JOGO: descobrir uma palavra por meio de perguntas e escrevê-la corretamente; trabalhar vocabulário, oralidade e ortografia.

MATERIAIS: cartas do *kit*; sacola; alfabeto disponível na página 95.

1. Os participantes devem se dividir em dois grupos e misturar as cartas em uma sacola.
2. Um integrante de cada grupo deve escolher uma carta sem mostrá-la a ninguém. Ele terá 15 segundos para descrevê-la da melhor forma possível, em inglês e sem mencionar a que categoria ela pertence.
3. Os integrantes do mesmo grupo devem esperar que o colega termine a descrição para então formar a palavra correspondente à carta utilizando as letras recortadas do alfabeto. Se errarem, o outro grupo terá a chance de adivinhar.
4. Se o próprio grupo acertar, ganha 2 pontos; após a primeira tentativa, o acerto passa a valer 1 ponto. O jogo termina quando não restarem mais cartas, e ganha a equipe que somar mais pontos.

Carta escolhida	Descrição
	- *It's usually made of wood and it emits sounds when we press its keys.* P I A N O

A MÃO MAIS RÁPIDA

NÍVEL 3 (Avançado)

NÚMERO DE PARTICIPANTES: 3 ou mais.

OBJETIVOS DO JOGO: descobrir a palavra por meio de uma descrição e reconhecê-la nas cartas; trabalhar vocabulário, oralidade e pronúncia.

MATERIAIS: cartas das categorias *Occupations* e *Seasons*; cartas de descrições disponíveis nas páginas 97 e 99.

1. Os participantes devem se sentar em círculo.
2. No centro, as cartas são distribuídas com as imagens para cima. Junto a elas deve estar a pilha de descrições com as cartas viradas para baixo.
3. Um jogador tira uma carta da pilha de descrições e lê a informação, fazendo uma pausa entre cada pista, se houver mais de uma.
4. Os outros jogadores devem adivinhar o que o participante está descrevendo, identificando a imagem correspondente. A mão mais rápida é aquela que pegar a carta correta antes dos outros jogadores.
5. O jogador que acertar ganha 5 pontos. A brincadeira acaba quando não restarem mais descrições. Vence quem fizer mais pontos.

O jogo pode ser realizado com dois grupos. Nesse caso, dois jogadores representam a mão mais rápida de cada equipe, enquanto um participante lê as descrições. Os jogadores devem se revezar a cada rodada.

AMPLIAÇÃO DE USO DAS CARTAS

A ROLETA DAS CATEGORIAS

NÍVEL 3 (Avançado)

NÚMERO DE PARTICIPANTES: 3 ou mais.

OBJETIVOS DO JOGO: descobrir uma palavra por meio de descrições; trabalhar vocabulário e oralidade.

MATERIAIS: cartas das categorias *School Objects* e *Furniture and Appliances*; roleta disponível na página 101; cartas de descrições disponíveis nas páginas 103 e 105.

1. Antes de começar, as cartas devem ser dispostas com as imagens voltadas para cima, de maneira que todos os jogadores possam vê-las. Para montar a roleta, siga as instruções da página 101.
2. Um jogador gira a roleta, confere a categoria sorteada e quantos pontos vale a resposta correta.
3. Seguindo as instruções da roleta, outro jogador pega uma carta de descrições e lê a primeira pista, depois as seguintes.
4. Os outros jogadores devem pegar a carta que corresponde à descrição lida, podendo realizar até duas tentativas. Caso o participante não acerte na primeira tentativa, é possível realizar outra, porém ganhará apenas a metade dos pontos indicados na roleta.
5. Ganha o jogador que somar mais pontos.

O jogo também pode ser realizado entre dois grupos. Nesse caso, um jogador de cada grupo, por vez, pode tirar uma carta.

CONSTRUINDO FRASES

NÍVEL 3 (Avançado)

NÚMERO DE PARTICIPANTES: 2 ou mais.

OBJETIVOS DO JOGO: criar frases; trabalhar o vocabulário aprendido.

MATERIAIS: cartas do *kit*; sacola.

1. Colocar as cartas de todas as categorias dentro de uma sacola.
2. Cada jogador, um por vez, deve tirar duas cartas, mostrá-las para os demais participantes e inventar uma frase coerente em inglês que contemple o conteúdo de ambas as cartas. Por exemplo, caso tire as cartas *cat* e *sofa*, ele pode dizer: *Ana's cat sleeps on the sofa*.
3. Se a frase for considerada correta pelos outros participantes, o jogador ganha 1 ponto.
4. Ganha quem completar 10 pontos primeiro.

Para aumentar a dificuldade, pode-se exigir que a frase que contempla as duas cartas contenha uma rima.

Ana's cat sleeps on the sofa.

BRINCANDO DE SER POETA

NÍVEL: Todos.

NÚMERO DE PARTICIPANTES: 2 ou mais.

OBJETIVOS DO JOGO: formar rimas; trabalhar o vocabulário aprendido.

MATERIAIS: cartas do *kit*; sacola.

1. Colocar as cartas de todas as categorias dentro de uma sacola.
2. Cada jogador, um por vez, pega uma carta, mostra-a para o grupo e inventa uma rima em inglês. Ele terá a possibilidade de fazer rimas com palavras ou elementos de uma frase, dependendo do nível de conhecimento da língua inglesa. Por exemplo, se a carta tirada for *cat*, ele poderá rimar *cat* com *fat* ou, ainda, se a carta for *pig*, poderá formar a frase *The pig is big*.
3. Se a rima for considerada correta pelos outros participantes, o jogador ganha 1 ponto.
4. Ganha quem completar 10 pontos primeiro.

DESENHANDO O CONTEXTO

NÍVEL: Todos.

NÚMERO DE PARTICIPANTES: 3 ou mais.

OBJETIVOS DO JOGO: descobrir a carta de acordo com o contexto apresentado; trabalhar o vocabulário.

MATERIAIS: cartas do *kit*, exceto as das categorias *Seasons, Moods* e *Places in Town*; lápis e papel; sacola.

1. Um jogador escolhe aleatoriamente uma carta da sacola. Depois, ele deverá desenhar o contexto em que o elemento representado poderia estar inserido. Por exemplo, se a carta for *shower*, o jogador poderá desenhar o banheiro sem o chuveiro ou uma pessoa tomando banho, também sem o chuveiro.
2. Os outros participantes devem adivinhar qual é a carta com base no desenho.
3. Para cada acerto, o jogador ganha 1 ponto.
4. Vence quem completar 10 pontos primeiro.

Carta escolhida	Cenário desenhado

ATIVIDADES

QUAL É A FRUTA?

Una os pontos, descubra qual é a fruta e escreva abaixo o nome dela em inglês. Depois, pinte o desenho.

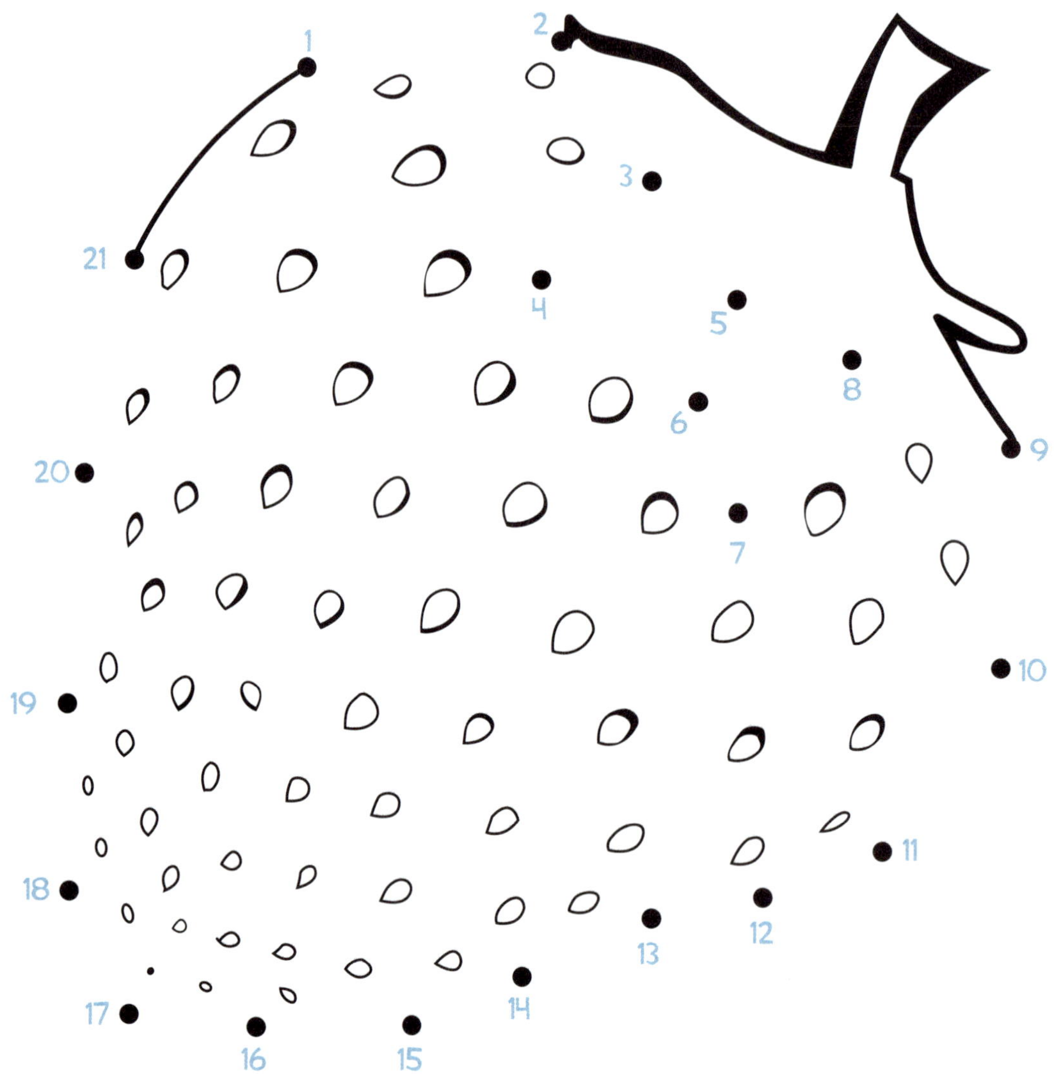

___ ___ ___ ___ ___ ___ ___ ___ ___ ___

QUADRO A QUADRO

Copie o desenho nos quadros abaixo.

ATIVIDADES

PALAVRAS CRUZADAS

Complete as palavras cruzadas com o nome, em inglês, das localidades que completam as frases.

1. We like to ride our bikes at the...
2. My dad pays the bills at the...
3. Every day we study at the...
4. We buy clothes at the...
5. I buy bread and milk at the...
6. I eat my favorite food at the...
7. We buy food at the...
8. We buy books at the...

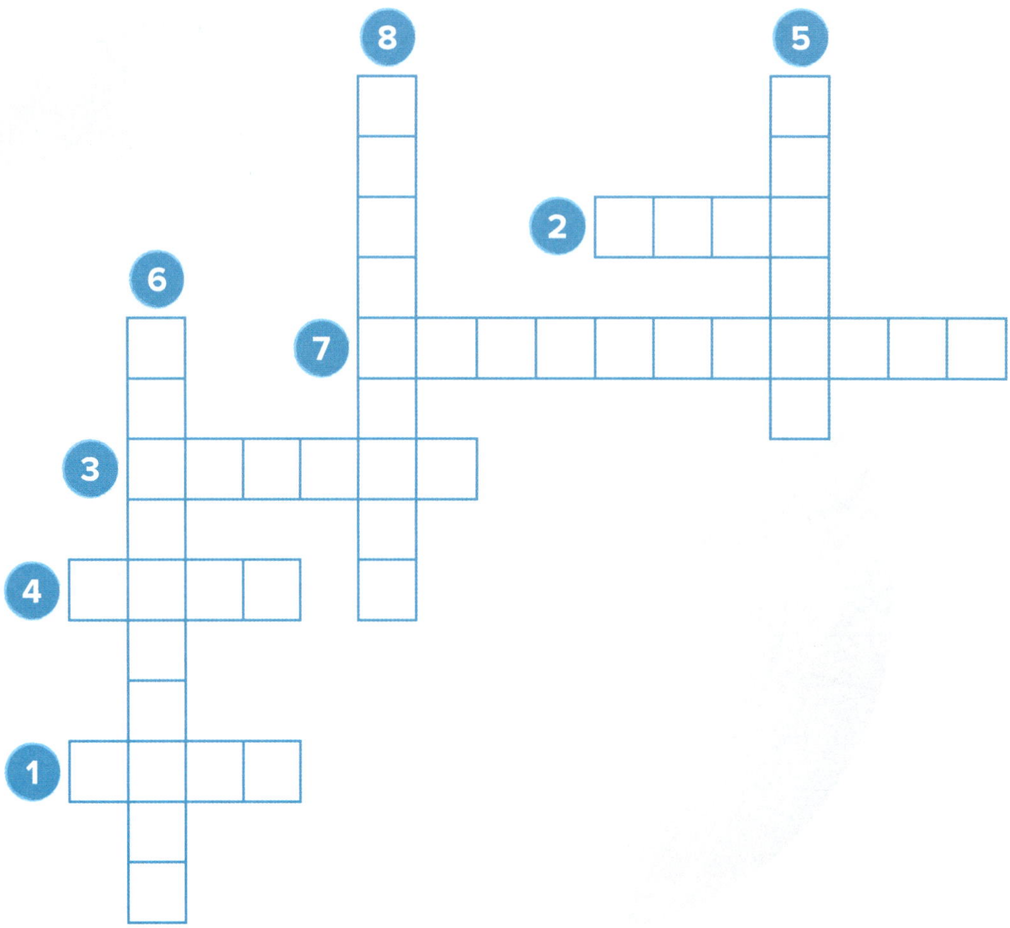

QUAL É O OBJETO ESCOLAR?

Una os pontos, descubra qual é o objeto escolar e escreva abaixo o nome dele em inglês. Depois, pinte o desenho.

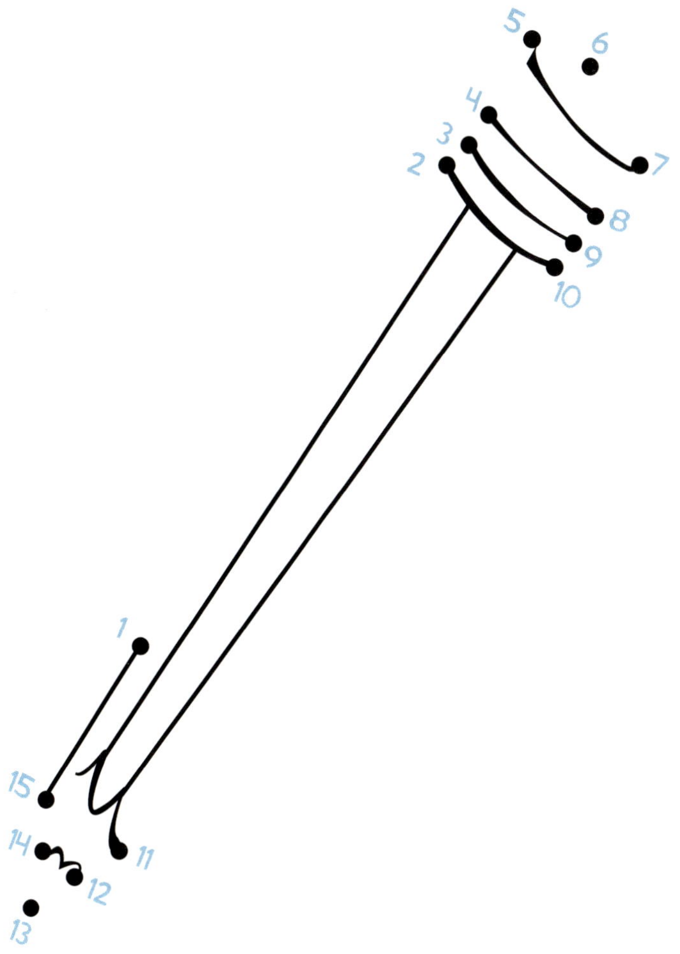

It is a

_____ _____ _____ _____ _____ _____ .

PINTE E DESCUBRA

Pinte todos os números **1** de laranja, os números **2** de vermelho e os números **3** de marrom e descubra qual é a imagem. Em seguida, escreva o nome do que você encontrar.

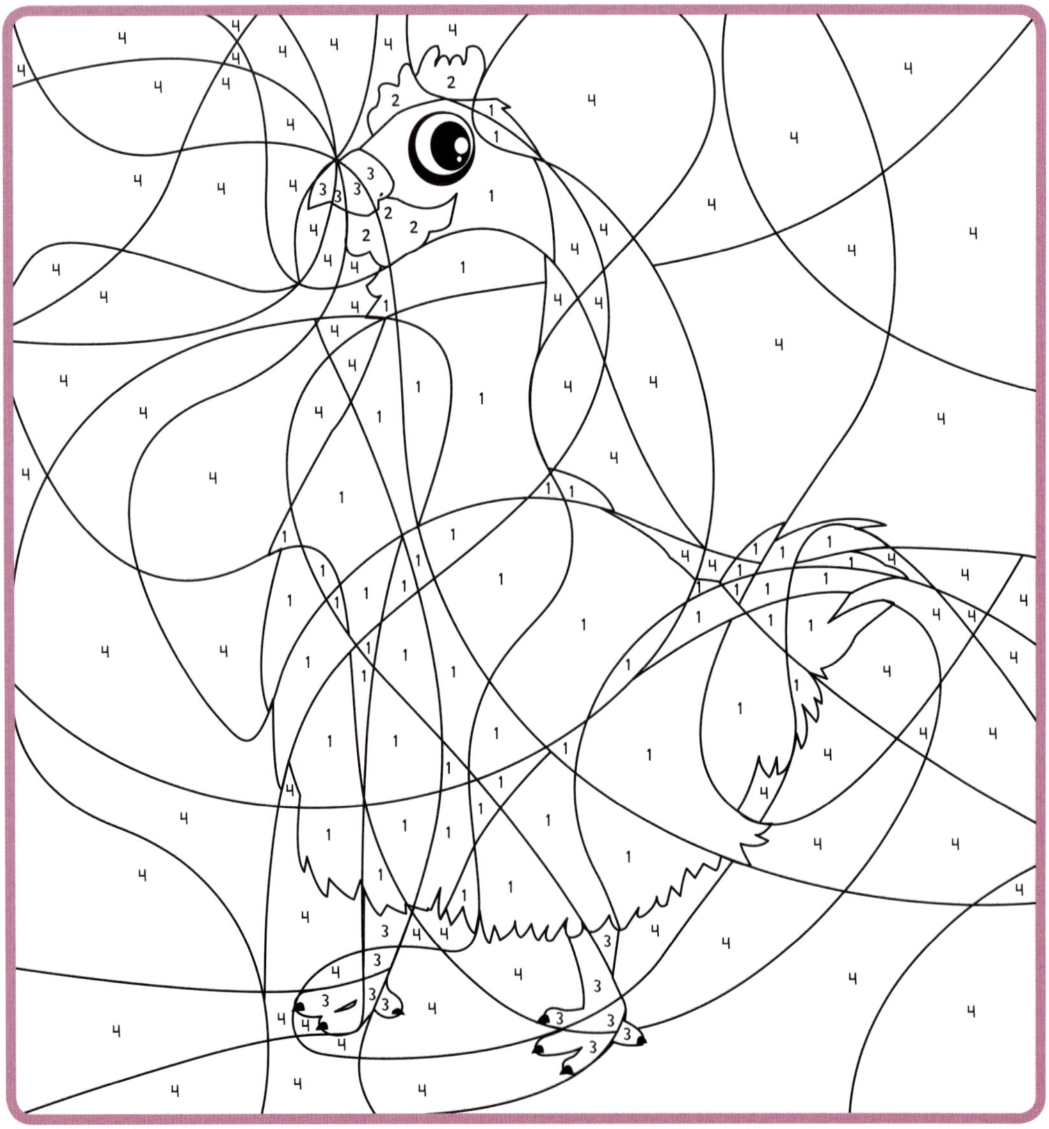

It is a

___ ___ ___.

AS PROFISSÕES

Escreva o nome das profissões em inglês.

1

____

2

____

3

____

4

____

5

____

6

____

Agora, organize as palavras em ordem alfabética:

1 ____________ 2 ____________ 3 ____________

4 ____________ 5 ____________ 6 ____________

ATIVIDADES

POR TRÁS DAS SOMBRAS

Observe as sombras e descubra que instrumento musical cada uma representa. Depois, escreva o nome deles em inglês.

1

____

2

____

3

____

4

____

5

____

6

____

AS ESTAÇÕES DO ANO

No Brasil, quais meses correspondem a cada estação do ano? Relacione as colunas.

1

2

3

4

DECEMBER

JANUARY

SEPTEMBER

NOVEMBER

MARCH

APRIL

OCTOBER

MAY

JUNE

JULY

FEBRUARY

AUGUST

ARRUMANDO A CASA

Vá à página 107 e recorte as partes da casa. Em seguida, monte o quebra-cabeça, cole-o nesta página e marque quais dos objetos abaixo não aparecem na imagem.

- [ ] schoolbag
- [ ] chair
- [ ] bed
- [ ] hippopotamus
- [ ] shower
- [ ] drums
- [ ] refrigerator
- [ ] table
- [ ] piano
- [ ] TV
- [ ] banana

COMO VOCÊ SE SENTE?

Leia as frases e desenhe as carinhas correspondentes.

1 I am angry!

2 I am happy!

3 I am scared!

4 I am sad.

ATIVIDADES

COMPLETANDO

Observe as imagens e complete o nome das frutas em inglês.

1

P ___ P ___ Y ___

2

___ A ___ ___ N ___

3

___ I ___ E

4

O ___ A ___ ___ E

5

___ P ___ L ___

6

___ R ___ ___ E ___

POR TRÁS DAS SOMBRAS

Observe as sombras e descubra que animal cada uma representa. Depois, escreva o nome deles em inglês.

1

2

3

4

5

6

CAÇA-PALAVRAS

Encontre no caça-palavras o nome dos esportes representados nas imagens.

B	H	A	J	G	P	J	A	P	A	Z	P	A	L	D
V	C	T	I	Q	M	C	H	Y	T	D	O	E	I	A
O	U	H	V	L	K	U	E	S	V	M	J	J	V	Y
G	H	L	O	T	S	U	R	F	I	N	G	W	O	C
R	P	A	L	Z	Q	L	O	J	Z	O	X	O	E	A
Q	Z	D	L	D	I	S	C	L	C	R	O	S	S	F
V	S	T	E	N	N	I	S	G	W	D	A	K	Q	P
G	C	X	Y	K	N	Y	E	N	M	U	G	I	X	M
D	Z	J	B	A	S	E	B	A	L	L	M	I	I	G
V	G	D	A	C	N	B	Z	S	F	J	N	N	Y	Q
X	V	F	L	G	T	P	Y	X	Z	Z	A	G	S	A
N	N	T	L	U	A	H	R	S	B	V	M	Z	D	Q
L	T	Z	R	Y	N	J	S	Q	O	J	X	D	C	S
O	N	B	A	S	K	E	T	B	A	L	L	P	B	G
M	K	U	M	I	U	K	Q	U	L	R	A	N	K	U

COMPLETANDO

Observe as imagens e complete o nome dos objetos escolares em inglês.

1

__ R __ __ __ R S

2

S __ __ S __ __ __ S

3

C __ __ Y __ __ S

4

S __ __ O __ __ B __ __

5

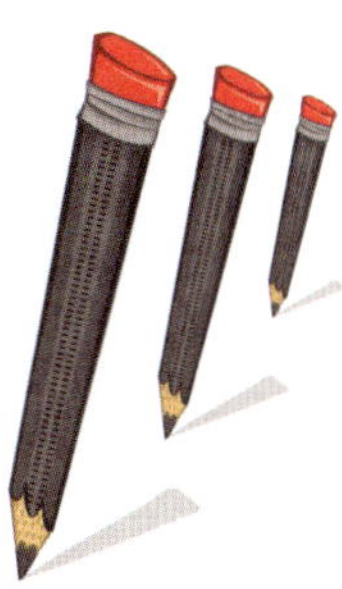

P __ __ __ I __ S

6

B __ __ K S

QUADRO A QUADRO

Copie o desenho nos quadros abaixo.

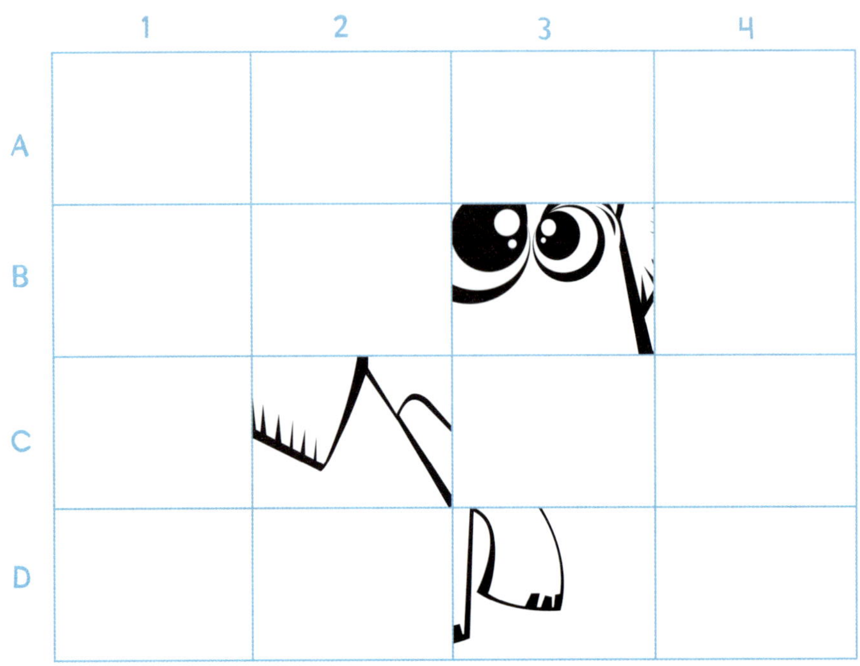

DECIFRANDO

Decifre os códigos, descubra as palavras e desenhe.

A	B	C	D	E	F	G	H	I	J	K	L	M
11	1	15	21	13	8	19	25	26	12	24	20	5

N	O	P	Q	R	S	T	U	V	W	X	Y	Z
17	23	14	22	18	7	4	6	9	10	2	3	16

1

5	11	20	20

2

1	11	17	24

3

7	15	25	23	23	20

4

1	11	24	13	18	3

5

14	11	18	24

6

1	13	11	15	25

ATIVIDADES

PALAVRAS CRUZADAS

Complete as palavras cruzadas com o nome, em inglês, das profissões representadas nas imagens.

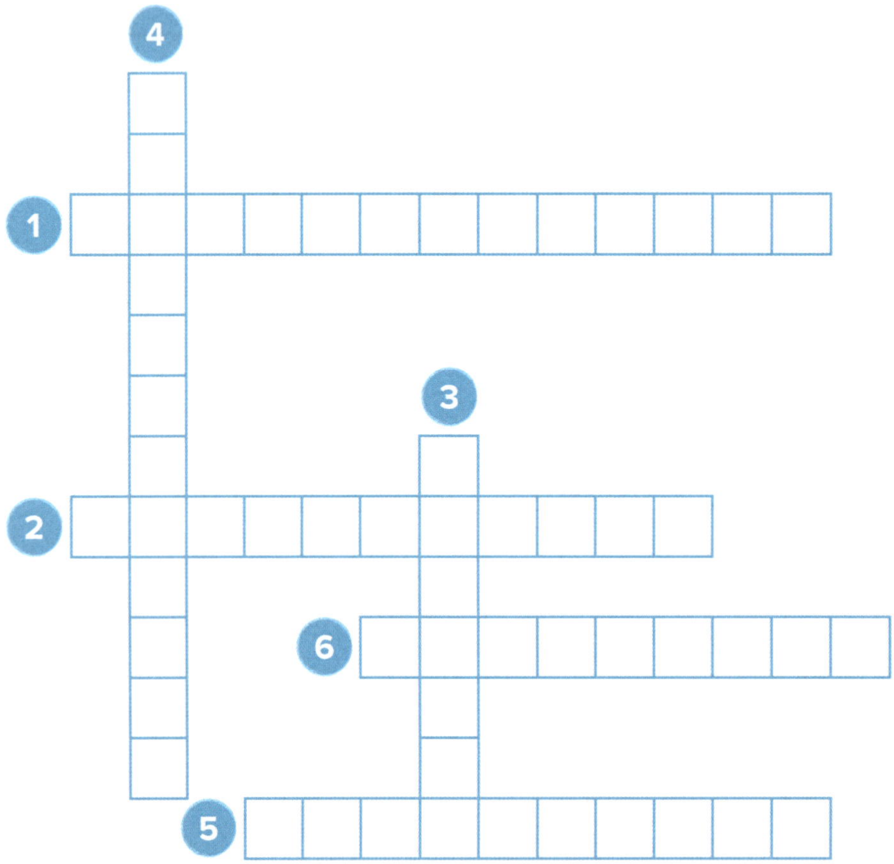

QUAL É O INSTRUMENTO MUSICAL?

Una os pontos, descubra qual é o instrumento musical e escreva abaixo o nome dele em inglês. Depois, pinte o desenho.

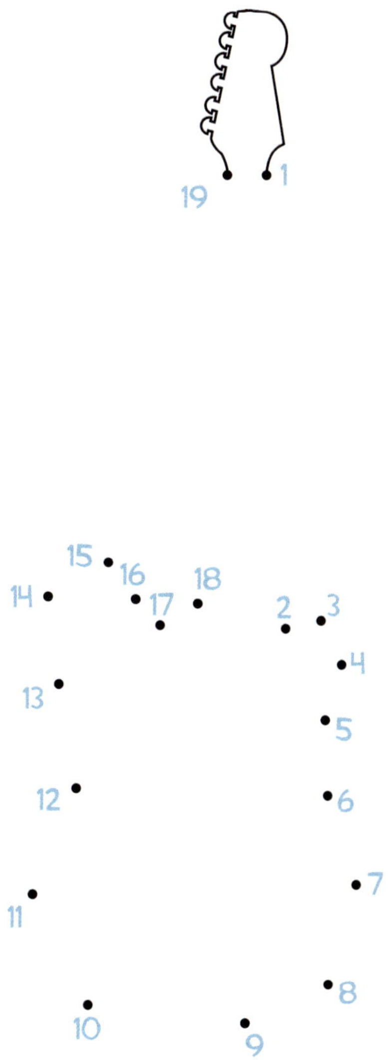

QUAL É A ESTAÇÃO DO ANO?

Observe as imagens e relacione-as com as estações do ano.

1 

2 

3 

4 

spring

winter

summer

fall

POR TRÁS DAS SOMBRAS

Observe as sombras e descubra o objeto que cada uma representa. Depois, escreva o nome deles em inglês.

1

2

3

4

5

6

DECIFRANDO

Decifre os códigos, descubra as palavras e desenhe.

A	B	C	D	E	F	G	H	I	J	K	L	M
11	1	15	21	13	8	19	25	26	12	24	20	5

N	O	P	Q	R	S	T	U	V	W	X	Y	Z
17	23	14	22	18	7	4	6	9	10	2	3	16

1

25	11	14	14	3

2

11	17	19	18	3

3

7	15	11	18	13	21

4

7	11	21

5

25	6	17	19	18	3

6

7	26	15	24

VAMOS PINTAR!

Observe os contornos das frutas e pinte-as com as cores indicadas.

YELLOW

YELLOW

RED AND GREEN

ORANGE AND GREEN

GREEN

RED AND GREEN

RED AND GREEN

PURPLE AND GREEN

ATIVIDADES

COMPLETANDO

Observe as imagens e complete o nome dos animais em inglês.

1

C ___ ___

2

___ ___ ___ G

3

L ___ ___ ___

4

C ___ ___ ___ L

5

P ___ ___

6

M ___ ___ ___ ___ ___

A QUE ESPORTE PERTENCEM?

Observe as imagens e relacione os objetos com os esportes.

1 

2 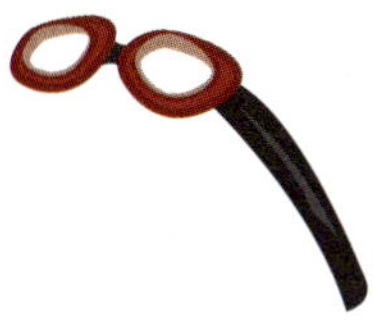

3 

4 

5 

6 

tennis

basketball

soccer

swimming

volleyball

baseball

ATIVIDADES

CAÇA-PALAVRAS

Encontre no caça-palavras o nome dos objetos escolares representados nas imagens.

B	H	A	J	G	P	J	A	P	A	Z	P	A	L	D
V	C	T	I	Q	M	C	H	Y	T	D	O	E	I	A
O	S	C	I	S	S	O	R	S	V	M	J	J	V	Y
G	H	Q	V	B	T	L	J	G	R	Q	F	M	N	C
R	P	L	O	Z	P	E	N	J	Z	O	X	O	O	A
Q	Z	N	L	D	A	S	C	L	C	R	O	W	T	F
V	S	P	Q	Y	D	S	U	G	W	D	T	M	E	P
G	C	X	I	K	N	C	E	N	M	U	B	M	B	M
D	Z	Z	B	E	I	R	B	O	L	Z	J	E	O	G
V	G	D	O	E	R	A	S	E	R	N	P	S	O	Q
X	V	F	L	G	T	Y	Y	X	Z	Z	R	X	K	A
N	N	T	X	U	A	O	R	S	B	V	R	Z	D	Q
L	T	Z	R	P	E	N	C	I	L	J	X	D	C	S
O	N	C	A	U	D	S	R	Y	O	T	O	P	B	G
M	K	U	M	I	U	K	Q	U	L	R	A	N	K	U

PINTE E DESCUBRA

Pinte todos os números **1 de marrom** e os números **2 de preto** e descubra qual é a imagem. Depois, escreva o nome do que você encontrar.

It is a

_____ _____ _____ _____ _____ .

ATIVIDADES

A QUAL ESTABELECIMENTO COMERCIAL PERTENCEM?

Observe as imagens da esquerda e relacione-as com os estabelecimentos comerciais da direita.

1

2

3

4

COMPLETANDO

Observe as imagens e complete o nome das profissões em inglês.

1

_ C _ _ _ T _ _ _

2

_ N _ _ _ _ _ R

3

H _ _ _ _ R _ _ _ _ _

4

_ S _ _ _ N _ _ _

5

F _ _ _ F _ _ _ T _ _

6

D _ _ _ _ _

QUADRO A QUADRO

Copie o desenho nos quadros abaixo.

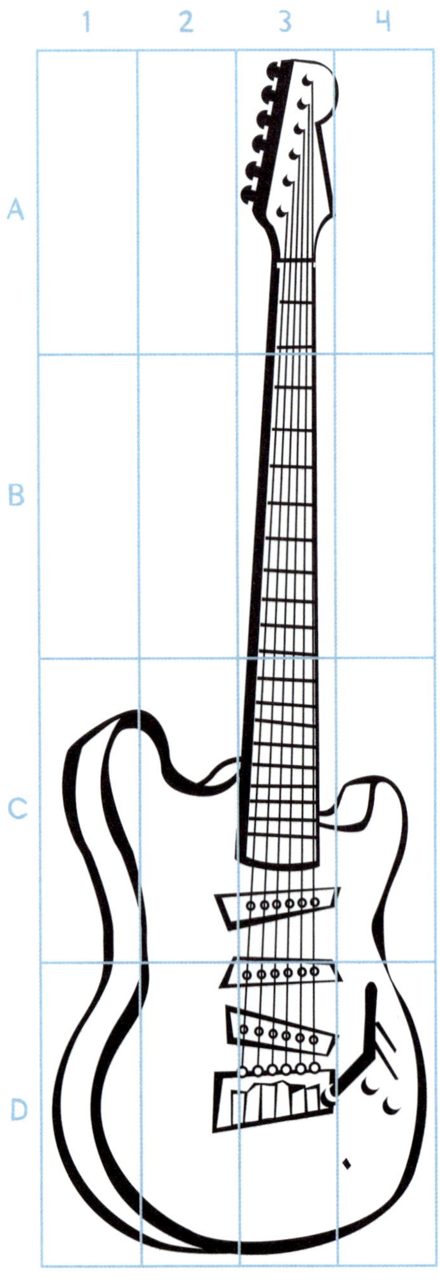

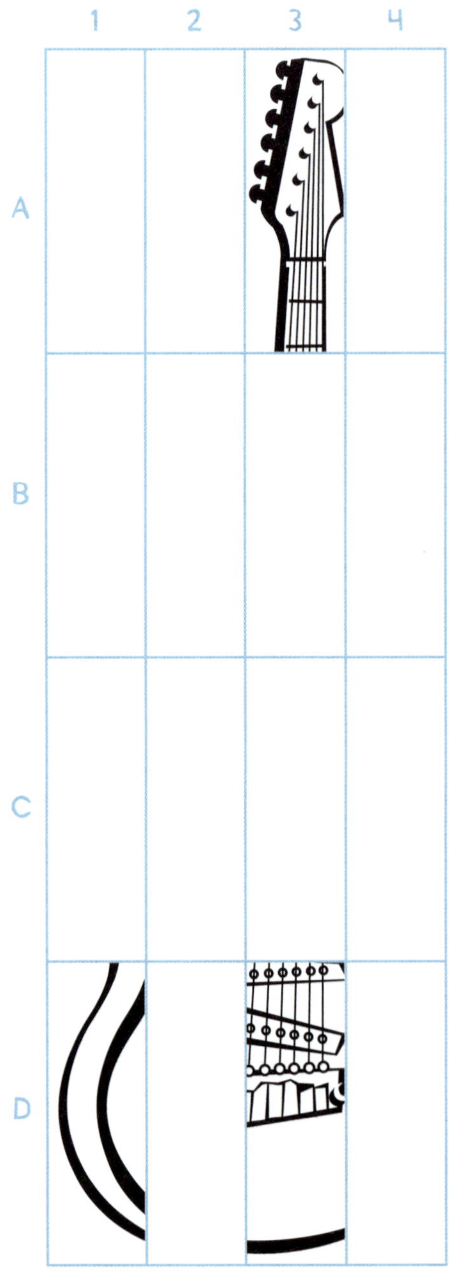

CAÇA-PALAVRAS

Encontre no caça-palavras o nome dos objetos representados nas imagens.

W	H	A	J	G	P	J	A	P	A	Z	P	A	L	D
A	C	T	S	Q	M	C	H	Y	T	D	O	E	I	A
S	M	H	I	L	K	U	E	S	V	M	J	J	V	Y
H	E	L	N	T	L	S	T	O	V	E	E	W	R	C
I	S	A	K	Z	Q	L	O	J	Z	B	X	O	E	A
N	E	V	I	R	R	O	P	O	S	R	O	W	F	F
G	D	T	S	H	O	W	E	R	W	D	A	M	R	P
M	E	X	I	K	N	Y	E	N	H	U	G	M	I	M
A	N	J	B	E	I	S	B	O	E	Z	M	E	G	G
C	D	B	E	D	S	I	D	E	T	A	B	L	E	Q
H	C	F	L	G	T	P	Y	X	A	Z	A	X	R	A
I	H	T	X	U	A	H	R	S	D	V	M	Z	A	Q
N	E	Z	R	Y	N	J	S	Q	I	J	X	D	T	S
E	N	B	B	E	D	N	K	E	R	T	O	P	O	G
M	D	A	C	H	R	K	Q	U	A	R	A	N	R	U

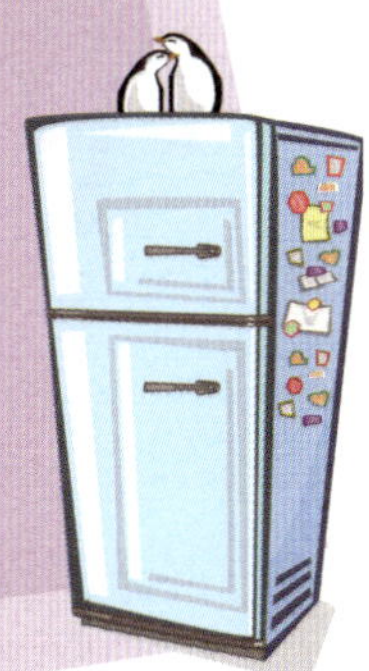

ATIVIDADES

PALAVRAS CRUZADAS

Complete as palavras cruzadas com o nome, em inglês, da expressão representada em cada imagem.

QUAL É O ANIMAL?

Una os pontos, descubra qual é o animal formado e escreva o nome dele em inglês. Depois, pinte o desenho.

It is a

_____ _____ _____ _____ _____ _____ _____.

ATIVIDADES

A QUE PROFISSÃO PERTENCEM?

Observe as imagens e relacione os objetos com as profissões.

1 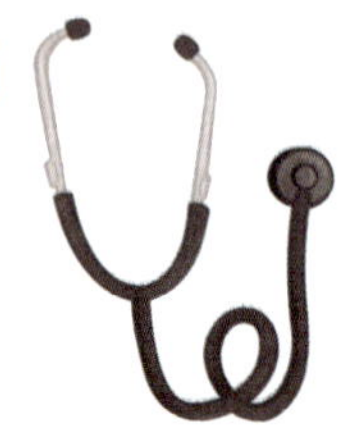

2 

3 

4 

5 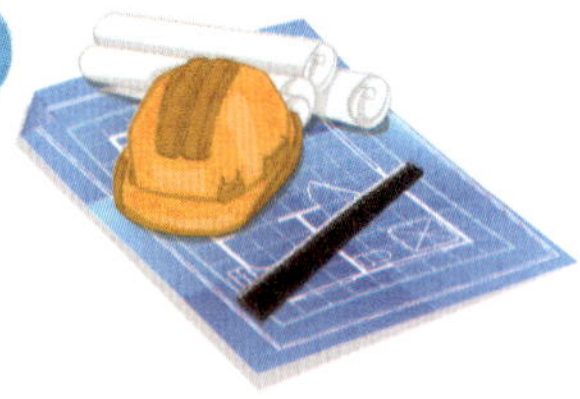

6 

- hairdresser
- engineer
- doctor
- scientist
- firefighter
- photographer

PALAVRAS CRUZADAS

Complete as palavras cruzadas com o nome dos esportes representados nas imagens.

ATIVIDADES

VAMOS PINTAR!

Pinte as figuras de acordo com as frases.

1. It's a green apple.
2. It's a brown dog.
3. It's a red refrigerator.
4. It's a blue schoolbag.

1

2

3

4

CRIATIVIDADE EM AÇÃO

Desenhe, pinte e escreva em inglês.

1 Um instrumento musical que comece com F.

____

2 Um lugar da cidade que comece com P.

____

3 Uma fruta que comece com G.

____

4 Um móvel ou objeto da casa que comece com S.

____

ATIVIDADES

ENCONTRE O INTRUSO

Circule a imagem que não pertence a cada grupo.

1

2

3

4

SOMANDO

Faça as contas e escreva o resultado por extenso.

1

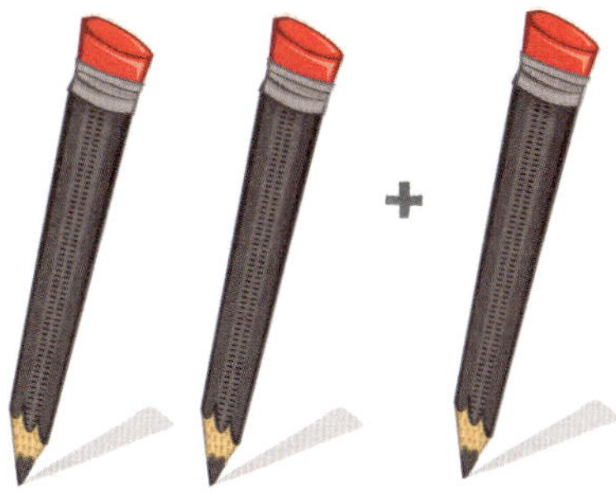

= ____________________

2

= ____________________

3

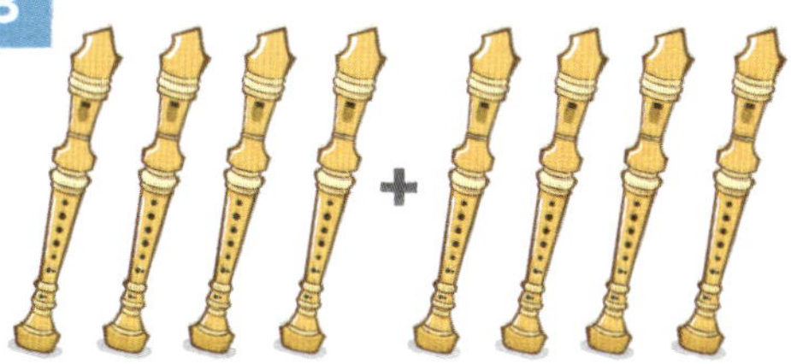

= ____________________

4

= ____________________

5

= ____________________

6

= ____________________

DECIFRANDO

Decifre os códigos, descubra as palavras, responda às perguntas e desenhe os instrumentos musicais.

A	B	C	D	E	F	G	H	I	J	K	L	M
11	1	15	21	13	8	19	25	26	12	24	20	5

N	O	P	Q	R	S	T	U	V	W	X	Y	Z
17	23	14	22	18	7	4	6	9	10	2	3	16

1 What instrument does Rose play?

14	26	11	17	23

2 What instrument does Patrick play?

9	26	23	20	26	17

3 What instrument does Jane play?

8	20	6	4	13

4 What instrument does Tom play?

21	18	6	5	7

ENCONTRE O INTRUSO

Circule a imagem que não pertence a cada grupo.

1

2

3

4

VAMOS PINTAR!

Pinte as figuras de acordo com as frases.

1. It's a pink pig.
2. It's an orange notebook.
3. These are purple grapes.
4. It's a yellow flute.

1

2

3

4

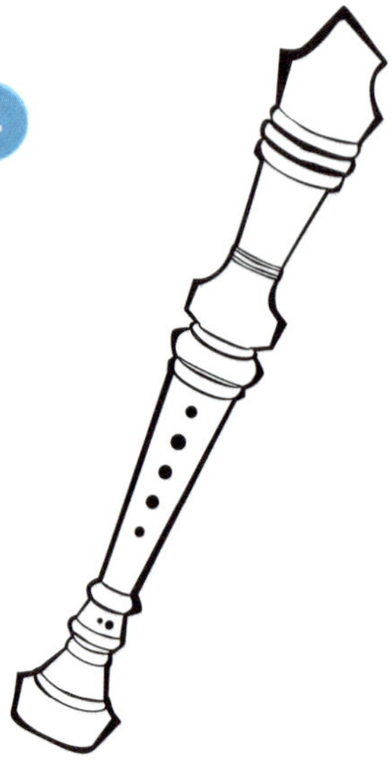

QUAL É A MENSAGEM?

Desembaralhe as letras, escreva as palavras e descubra a mensagem.

1 CAIRH

☐ ☐ ☐ ☐ ☐ (5 = 2ª letra)

2 BOKO

☐ ☐ ☐ ☐

3 CEOCSR

☐ ☐ ☐ ☐ ☐ ☐ (13 = 1ª letra; 4 = 5ª letra)

4 BEAKYR

☐ ☐ ☐ ☐ ☐ ☐ (14 = 2ª letra; 11 = 4ª letra)

5 RITGAOLAL

☐ ☐ ☐ ☐ ☐ ☐ ☐ ☐ ☐ (3 = 8ª letra)

6 ISNTROAUJL

☐ ☐ ☐ ☐ ☐ ☐ ☐ ☐ ☐ ☐ (2 = 7ª letra; 12 = 9ª letra)

7 TIWREN

☐ ☐ ☐ ☐ ☐ ☐ (1 = 2ª letra)

8 TURGIA

☐ ☐ ☐ ☐ ☐ ☐ (6 = 3ª letra)

9 COOTDR

☐ ☐ ☐ ☐ ☐ ☐ (7 = 1ª letra)

10 NARGEO

☐ ☐ ☐ ☐ ☐ ☐ (10 = 4ª letra; 15 = 5ª letra; 9 = 6ª letra)

11 RDSAEC

☐ ☐ ☐ ☐ ☐ ☐ (17 = 1ª letra; 16 = 5ª letra; 8 = 6ª letra)

☐   ☐ ☐ V ☐   ☐ ☐ ☐ ☐ ☐ ☐

1   2 3   4   5 6 7 8 9 10

M ☐ ☐ ☐ ☐ ☐ ☐ ☐ !

11 12 13 14 15 16 17

ATIVIDADES

BRINCANDO COM DOMINÓ

Recorte o dominó das páginas 109 e 111 para brincar com os colegas. Antes disso, pratique um pouco: leia as definições e escreva as respostas correspondentes em inglês.

1. It's a cold season: ______________________.
2. It's an animal that barks: ______________________.
3. You need a racket to play this sport: ______________________.
4. It's an animal that lives in Africa. It's not a lion: ______________________.
5. It's a colorful season: ______________________.
6. You practice this sport in a pool: ______________________.
7. It's an animal that lives in Australia and jumps: ______________________.
8. It's a hot season: ______________________.

ENCONTRE O INTRUSO

Circule a imagem que não pertence a cada grupo.

1

2

3

4

CRIATIVIDADE EM AÇÃO

Desenhe, pinte e escreva em inglês.

1 Um animal que comece com R.

____

2 Um objeto escolar que comece com P.

____

3 Uma profissão que comece com T.

____

4 Um esporte que comece com S.

____

LABIRINTO

Relacione as imagens às palavras correspondentes.

ATIVIDADES

PALAVRAS CRUZADAS

Complete as palavras cruzadas com o nome correspondente a cada imagem.

8
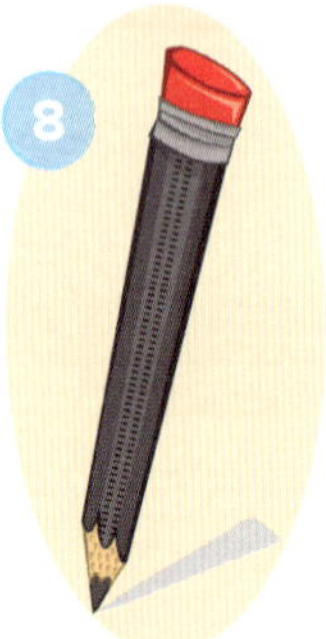

3

5

6

2

1

7

4

Página 38

strawberry

Página 40

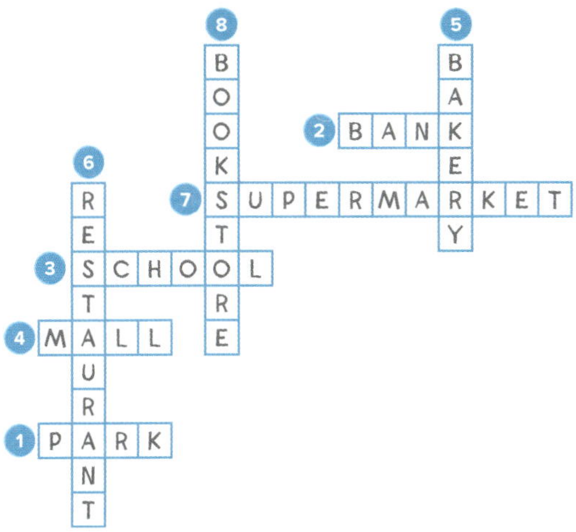

Página 41

pencil

Página 42

hen

Página 43

1. doctor **2.** journalist
3. police officer **4.** teacher
5. vet **6.** photographer

Ordem alfabética:
1. doctor **2.** journalist
3. photographer **4.** police officer
5. teacher **6.** vet

Página 44

1. piano **2.** drums **3.** violin
4. flute **5.** electric guitar **6.** guitar

Página 45

1. Winter: June, July, August

2. Spring: September, October, November

3. Summer: December, January, February

4. Fall: March, April, May

Página 46

schoolbag, chair, hippopotamus, drums, piano, TV, banana

Página 48

1. papaya **2.** banana **3.** lime
4. orange **5.** apple **6.** grapes

Página 49

1. dog **2.** turtle **3.** kangaroo
4. horse **5.** fish **6.** rabbit

Página 50

B	H	A	J	G	P	J	A	P	A	Z	P	A	L	D
V	C	T	I	Q	M	C	H	Y	T	D	O	E	I	A
O	U	H	V	L	K	U	E	S	V	M	J	J	V	Y
G	H	L	O	T	S	U	R	F	I	N	G	W	O	C
R	P	A	L	Z	Q	L	O	J	Z	O	X	O	E	A
Q	Z	D	L	D	I	S	C	L	C	R	O	S	S	F
V	S	T	E	N	N	I	S	G	W	D	A	K	Q	P
G	C	X	Y	K	N	Y	E	N	M	U	G	I	X	M
D	Z	J	B	A	S	E	B	A	L	L	M	I	I	G
V	G	D	A	C	N	B	Z	S	F	J	N	N	Y	Q
X	V	F	L	G	T	P	Y	X	Z	Z	A	G	S	A
N	N	T	L	U	A	H	R	S	B	V	M	Z	D	Q
L	T	Z	R	Y	N	J	S	Q	O	J	X	D	C	S
O	N	B	A	S	K	E	T	B	A	L	L	P	B	G
M	K	U	M	I	U	K	Q	U	L	R	A	N	K	U

RESPOSTAS

Página 51

1. erasers **2.** scissors **3.** crayons
4. schoolbag **5.** pencils **6.** books

Página 53

1. mall **2.** bank **3.** school
4. bakery **5.** park **6.** beach

Página 54

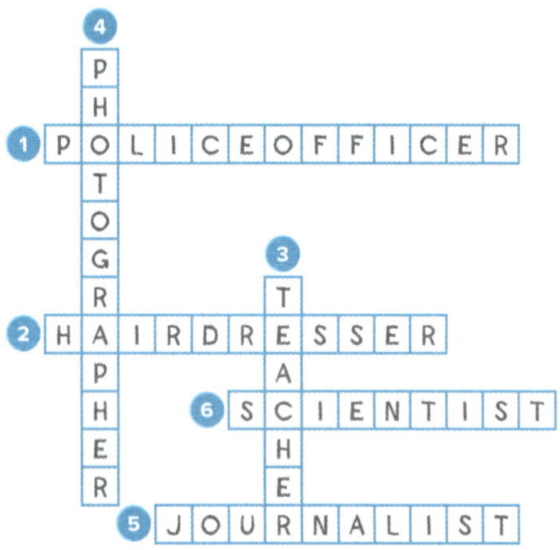

Página 55

electric guitar

Página 56

1. summer **2.** fall **3.** winter
4. spring

Página 57

1. chair **2.** sofa **3.** table **4.** sink
5. TV **6.** shower

Página 58

1. happy **2.** angry **3.** scared **4.** sad
5. hungry **6.** sick

Página 60

1. cat **2.** frog **3.** lion **4.** camel
5. pig **6.** monkey

Página 61

1. soccer **2.** swimming **3.** tennis
4. basketball **5.** baseball
6. volleyball

Página 62

B	H	A	J	G	P	J	A	P	A	Z	P	A	L	D
V	C	T	I	Q	M	C	H	Y	T	D	O	E	I	A
O	S	C	I	S	S	O	R	S	V	M	J	J	V	Y
G	H	Q	V	B	T	L	J	G	R	Q	F	M	N	C
R	P	L	O	Z	P	E	N	J	Z	O	X	O	O	A
Q	Z	N	L	D	A	S	C	L	C	R	O	W	T	F
V	S	P	Q	Y	D	S	U	G	W	D	T	M	E	P
G	C	X	I	K	N	C	E	N	M	U	B	M	B	M
D	Z	Z	B	E	I	R	B	O	L	Z	J	E	O	G
V	G	D	O	E	R	A	S	E	R	N	P	S	O	Q
X	V	F	L	G	T	Y	Y	X	Z	Z	R	X	K	A
N	N	T	X	U	A	O	R	S	B	V	R	Z	D	Q
L	T	Z	R	P	E	N	C	I	L	J	X	D	C	S
O	N	C	A	U	D	S	R	Y	O	T	O	P	B	G
M	K	U	M	I	U	K	Q	U	L	R	A	N	K	U

Página 63

horse

Página 64

1. bakery **2.** supermarket **3.** movie theater **4.** bookstore

Página 65

1. scientist **2.** engineer
3. hairdresser **4.** astronaut
5. firefighter **6.** doctor

Página 67

W	H	A	J	G	P	J	A	P	A	Z	P	A	L	D
A	C	T	S	Q	M	C	H	Y	T	D	O	E	I	A
S	M	H	I	L	K	U	E	S	V	M	J	J	V	Y
H	E	L	N	T	L	S	T	O	V	E	E	W	R	C
I	S	A	K	Z	Q	L	O	J	Z	B	X	O	E	A
N	E	V	I	R	R	O	P	O	S	R	O	W	F	F
G	D	T	S	H	O	W	E	R	W	D	A	M	R	P
M	E	X	I	K	N	Y	E	N	H	U	G	M	I	M
A	N	J	B	E	I	S	B	O	E	Z	M	E	G	G
C	D	B	E	D	S	I	D	E	T	A	B	L	E	Q
H	C	F	L	G	T	P	Y	X	A	Z	A	X	R	A
I	H	T	X	U	A	H	R	S	D	V	M	Z	A	Q
N	E	Z	R	Y	N	J	S	Q	I	J	X	D	T	S
E	N	B	B	E	D	N	K	E	R	T	O	P	O	G
M	D	A	C	H	R	K	Q	U	A	R	A	N	R	U

Página 68

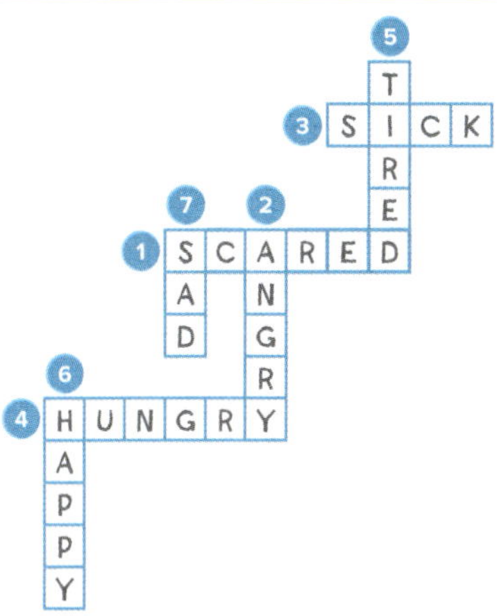

Página 69

dolphin

Página 70

1. doctor **2.** photographer
3. scientist **4.** hairdresser
5. engineer **6.** firefighter

Página 71

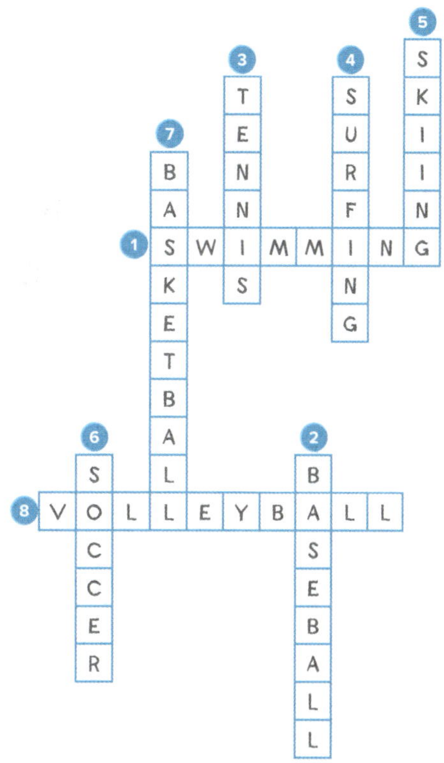

Página 73

Respostas possíveis:
1. flute **2.** park **3.** grapes **4.** sink/shower/sofa

Página 74

1. police officer **2.** flute **3.** papaya
4. kangaroo

RESPOSTAS

Página 75

1. three pencils **2.** five dogs
3. eight flutes **4.** six strawberries
5. two TVs **6.** four books

Página 76

1. piano **2.** violin **3.** flute **4.** drums

Página 77

1. banana **2.** frog **3.** crayons
4. volleyball

Página 79

1. chair **2.** book **3.** soccer
4. bakery **5.** alligator
6. journalist **7.** winter **8.** guitar
9. doctor **10.** orange **11.** scared
Mensagem: I love hidden messages!

Página 80

1. winter **2.** dog **3.** tennis
4. hippopotamus **5.** spring
6. swimming **7.** kangaroo
8. summer

Página 81

1. rabbit **2.** rooster **3.** journalist
4. bird

Página 82

Respostas possíveis:

1. rabbit/rooster **2.** pen/pencil
3. teacher **4.** soccer/surfing/skiing/swimming

Página 84

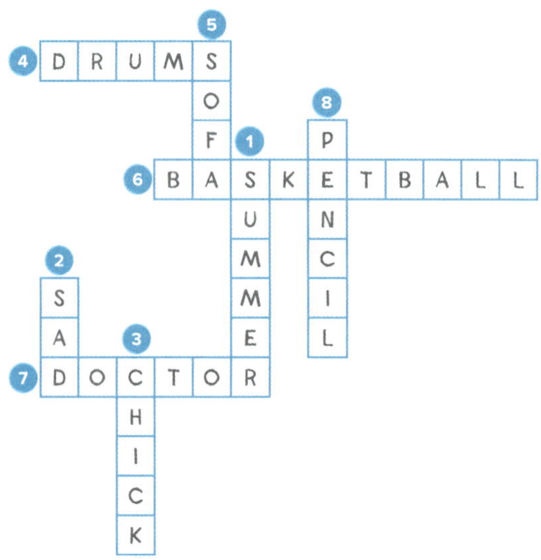

JOGO DA PÁGINA 25

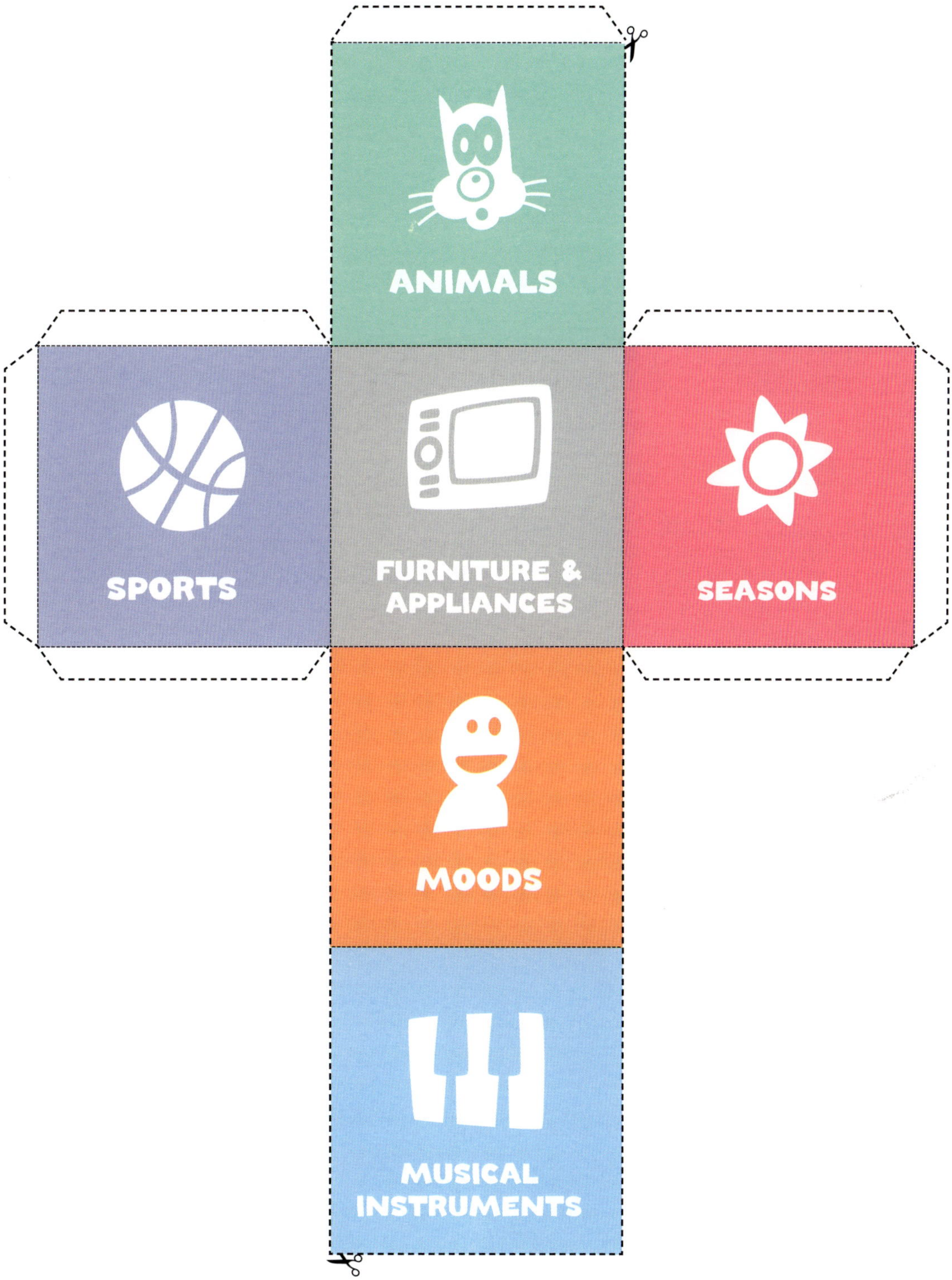

JOGO DA PÁGINA 29

Animals	Sports
School Objects	Occupations
Musical Instruments	Places in Town

Sports	Fruits
Occupations	Furniture & Appliances
Animals	Moods

JOGO DA PÁGINA 30

OCCUPATIONS

My best friend's name is ____________ and he/she is a/an ____________.
(name) (occupation)

FRUITS

He/She likes to eat ________________.

ANIMALS

His/Her favorite animal is the ________________.

PLACES IN TOWN

We like to go to the ________________.

SPORTS

We go there to play ________________.

OCCUPATIONS

I have another friend called ____________ and he/she is a/an ____________.
(name) (occupation)

JOGO DA PÁGINA 32

A	B	C	D	E	F	G	H	I
J	K	L	M	N	O	P	Q	R
S	T	U	V	W	X	Y	Z	

A	B	C	D	E	F	G	H	I
J	K	L	M	N	O	P	Q	R
S	T	U	V	W	X	Y	Z	

A	B	C	D	E	F	G	H	I
J	K	L	M	N	O	P	Q	R
S	T	U	V	W	X	Y	Z	

JOGO DA PÁGINA 33

Wears a spacesuit. Travels to space. **ASTRONAUT**	Works where there is fire. Has a dangerous job. **FIREFIGHTER**
Teaches people of different ages. Gives classes and corrects tests. **TEACHER**	Works writing news and articles. Can work for a newspaper, a magazine, a radio station or a TV channel. **JOURNALIST**
Cares for animals' health. Can work in the countryside or in the city. **VET**	Works in a construction site. He/She is not an architect. **ENGINEER**
Works using a camera. His/Her work can be digital or printed. **PHOTOGRAPHER**	It is very cold during this season. It snows in some places. **WINTER**

Works with science.
Develops medicines.

SCIENTIST

During this season, the leaves fall from the trees.

FALL

Cares for people's health.
Can work in a hospital.

DOCTOR

It is the season in which flowers blossom.

SPRING

Protects people on the streets.
Upholds the law.

POLICE OFFICER

People usually go on vacation during this season because it is hot.

SUMMER

JOGO DA PÁGINA 34

1. Recorte a roleta e a seta.
2. Faça um furo com cuidado na ponta oposta à seta e coloque uma tachinha nela. Depois, fure o centro da roleta com a tachinha e abra-a na parte de baixo do papel.
3. Mantenha a tachinha levemente frouxa para que a seta gire quando for empurrada.

JOGO DA PÁGINA 34

We use it to write on a sheet and it is not a pen.

PENCIL

We use it to cut paper.

SCISSORS

We use it to write. There is ink in it.

PEN

We sit on it.

CHAIR

It has a cover and paper sheets inside. We write on it.

NOTEBOOK

We can use it to cook food.

STOVE

It has stories printed on it.

BOOK

We use it to cool food and drinks.

REFRIGERATOR

We use it to delete what we wrote on a sheet.

ERASER

It is the season before winter.

FALL

We use it to color. **CRAYONS**	We can watch movies at home on it. **TV**
We put our school objects in it. **SCHOOLBAG**	When we want to sleep, we lay on it. **BED**
We wash dirty plates in it. **SINK**	We wash dirty clothes in it. **WASHING MACHINE**
We wash ourselves under it. **SHOWER**	It is located beside our bed. **BEDSIDE TABLE**

ATIVIDADE DA PÁGINA 46

ATIVIDADE DA PÁGINA 80

I'm black and I can fly.		I like to play with balls of wool.	
I bark.		I can swim very well.	
I have black spots and I produce milk.		I'm a reptile.	
I'm an amphibian.		I have a curly tail.	
I have a very long neck.		I live inside a shell.	

ÁREA DE RECORTE

I have long ears.

I'm a marsupial.

I have humps and I'm an herbivore.

I'm an equine.

I have scales.

I like cheese.

I'm a baby bird.

I live in the snow.

I'm the female form of a rooster.

I have a comb.